Primaria

Educación para la Ciudadanía y los Derechos Humanos 5

Fernando Martínez Llorca
Elisa Lucena Llorca
Benjamín Romo Escudero

ANAYA

Conoce tu libro

Así se organizan los contenidos

En cada unidad irás descubriendo los contenidos sobre los que investigar.

La realización de las actividades te permitirá mejorar tus estrategias de aprendizaje, tu autonomía y tus conocimientos.

Algunas de ellas, además, fomentan:

- La comprensión y la expresión
- El desarrollo del pensamiento
- El aprendizaje cooperativo
- La competencia emocional
- La cultura emprendedora
- La competencia digital
- La evaluación del aprendizaje

Así se aplican los contenidos

METODOLOGÍA — Aprendizaje competencial

Cada unidad comienza con un estímulo, una situación que plantea una curiosidad, una duda... → **La situación da lugar a una pregunta, a un RETO.** →

Accede a la web

www.anayaeducacion.es

1. Entra en la web de Anaya Educación y haz clic sobre:

2. Haz clic sobre **Nuevo usuario** y rellena el formulario.

Para darte de alta en la web, debes tener el permiso de tu padre, madre, tutor o tutora legales.

Recibirás un correo electrónico en el *mail* con el que te has registrado. A partir de entonces, podrás acceder a toda la información de la web.

Cuando veas [wifi icon], encontrarás en la web información complementaria.

Páginas especiales

Al finalizar de cada unidad encontrarás unas páginas especiales:

- Zona cívica: para aplicar los valores cívicos en la práctica.
- Cine con valores: para comprender los valores cívicos mediante el cine.

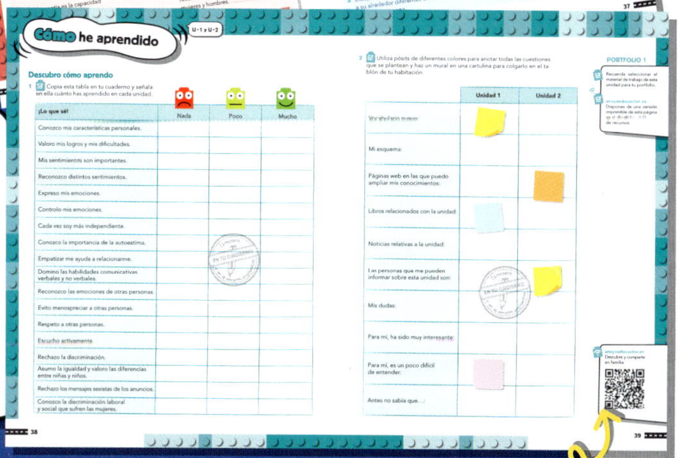

Evaluación trimestral

Al finalizar cada trimestre encontrarás unas páginas que te ayudarán a:

- Comprobar qué has aprendido.
- Reflexionar sobre cómo has aprendido.

Comparte los códigos QR en familia.

Para superar el reto, tendrás que INVESTIGAR y APRENDER los contenidos.

Podrás demostrar que has superado el reto aplicando lo que has aprendido en la realización de un PRODUCTO FINAL.

Sigue los pasos que verás indicados en la unidad.

Consulta el banco de recursos

1 Añade tu libro: accede a **Mis recursos** y haz clic sobre el botón **+ Añadir licencia** y, en la ventana que aparece, escribe el código que hay detrás de la cubierta de tu libro.

2 Se mostrará la imagen de la web del libro.

Haz clic sobre: **ver Mis recursos**

Y elige tu comunidad:

3 Haz clic sobre el botón **Banco de recursos** para abrir el menú desplegable en el que aparecen tus recursos.

Los contenidos

El reto

Investigo y aprendo		Producto final
• Me valoro • Tengo sentimientos • Aprendo a controlarme • Cada vez soy más independiente	**Zona cívica** • Analizamos emociones **Cine con valores** • *Del revés (Inside Out)*	• Hacemos un perfil psicológico
• Empatizo • Nos respetamos • Niñas y niños • Hombres y mujeres	**Zona cívica** • Biografías de andaluzas ilustres **Cine con valores** • *Charlie y la fábrica de chocolate*	• Representamos una obra de teatro

Autoevaluación / Portfolio

Investigo y aprendo		Producto final
• Los valores • Convivir respetuosamente • Somos dialogantes • Mantenemos una actitud positiva	**Zona cívica** • Una campaña solidaria **Cine con valores** • *Wonder*	• Rapeamos contra el acoso escolar
• Podemos participar • Tenemos derechos • Tenemos deberes • Somos responsables	**Zona cívica** • Debemos y podemos **Cine con valores** • *Un puente hacia Terabithia*	• Elaboramos una declaración

Autoevaluación / Portfolio

Investigo y aprendo		Producto final
• Tenemos una constitución • Un país con autonomías • Apreciamos la diversidad • Respetamos a quienes son diferentes	**Zona cívica** • Estudiamos un espacio natural de Andalucía **Cine con valores** • *Wall-e*	• Fabricamos un rompecabezas
• Nos organizamos • Servicios del Estado • Servicios autonómicos • Los pagamos con los impuestos	**Zona cívica** • Estudiamos nuestro patrimonio cultural **Cine con valores** • *HormigaZ*	• Organizamos un concierto

Autoevaluación / Portfolio

Las piezas clave

	Plan Lingüístico	Desarrollo del pensamiento	Aprendizaje cooperativo
1 Conozco cómo soy	• Búsqueda de un cuento y narración en clase (texto narrativo) • Explicación del significado de una expresión (texto explicativo)	Técnicas: • Pienso. Me interesa. Investigo	Técnicas: • Folio giratorio • Asamblea de ideas
2 Conozco a las otras personas	• Descripción de personajes de teatro (texto descriptivo) • Definición de un término (texto explicativo)	Técnicas: • Rastreador de problemas • RPPCS	Técnicas: • Sumamos • Lectura compartida • Folio giratorio en grupos
3 Nos llevamos bien	• Redacción de un diálogo (texto dialogado)	Técnicas: • Generar - clasificar - relacionar - desarrollar • Lluvia de ideas	Técnicas: • Sumamos • Rompecabezas
4 Derechos y deberes	• Exposición de una propuesta de derechos (texto expositivo) • Exposición de una propuesta de deberes (texto expositivo)	Técnicas: • Ridículo	Técnicas: • Rompecabezas • Folio giratorio
5 La Constitución y Andalucía	• Definición de términos (texto explicativo)	Técnicas: • La inversa	Técnicas: • Rompecabezas • Preparar la tarea
6 Bienes y servicios públicos	• Debate sobre la necesidad de la recaudación de impuestos (texto argumentativo)	Técnicas: • Las 6 W	Técnicas: • Sumamos • Saco de dudas

Educación emocional	Cultura emprendedora	TIC	Evaluación
• Conciencia emocional: reconocer e identificar las emociones básicas • Regulación emocional: entender la necesidad de regular las emociones y conocer estrategias para hacerlo	• Dimensión personal (autoconocimiento): autoconcepto • Dimensión personal (autoconocimiento): autoestima	• «Autoevaluación»: versión imprimible de la autoevaluación trimestral • «Portfolio»: versión imprimible del portfolio trimestral • Uso de dispositivos móviles: código QR	• ¿Qué he aprendido que desconocía sobre mí y sobre las otras personas? • ¿Cómo he aprendido? • Lo que más me ha gustado • Lo que me ha generado dudas y lo que me ha resultado más difícil • Información sobre lo que he aprendido en libros, en páginas web, en medios de comunicación, preguntando a otras personas…
• Autonomía y autoestima: enfrentarse con éxito a unas condiciones de vida sumamente adversas (resiliencia)	• Dimensión personal (creatividad y creación): plantear soluciones diferentes		
• Competencia social: dar importancia a la forma de decir las cosas (empatía y asertividad)	• Dimensión social (comunidad y bien común): planteamiento de propuestas que beneficien a la comunidad	• Búsqueda y tratamiento de la información sobre situaciones injustas y sobre campañas de solidaridad (unidad 3). • Búsqueda y tratamiento de la información sobre la mentoría y alguna organización social (unidad 4). • Ciudadanía digital: elaborar una *webquest* (unidad 4). • «Autoevaluación»: versión imprimible de la autoevaluación trimestral • «Portfolio»: versión imprimible del portfolio trimestral • Uso de dispositivos móviles: código QR	• ¿Qué he aprendido que desconocía acerca de la convivencia y sobre los derechos y los deberes? • ¿Cómo he aprendido? • Lo que más me ha gustado • Lo que me ha generado dudas y lo que me ha resultado más difícil • Información sobre lo que he aprendido en libros, en páginas web, en medios de comunicación, preguntando a otras personas…
• Competencia social: relacionar imágenes con emociones a partir de un proceso de empatía	• Dimensión social (responsabilidad): asunción de responsabilidades		
• Competencia de la vida y el bienestar: interiorizar y experimentar estrategias para el bienestar emocional (emociones estéticas)	• Dimensión productiva (innovación): proponer iniciativas creativas y novedosas	• Búsqueda y tratamiento de la información sobre la Constitución española, acerca del pueblo gitano y sobre el patrimonio andaluz (unidad 5). • Búsqueda y tratamiento de la información sobre los servicios públicos y el patrimonio cultural andaluces (unidad 6). • «Autoevaluación»: versión imprimible de la autoevaluación trimestral • «Portfolio»: versión imprimible del portfolio trimestral • Uso de dispositivos móviles: código QR	• ¿Qué he aprendido que desconocía acerca de la Constitución española, sobre la Comunidad Autónoma de Andalucía y sobre los bienes y los servicios públicos? • ¿Cómo he aprendido? • Lo que más me ha gustado • Lo que me ha generado dudas y lo que me ha resultado más difícil • Información sobre lo que he aprendido en libros, en páginas web, en medios de comunicación, preguntando a otras personas…
• Competencia de la vida y el bienestar: aprender a hablar de los propios problemas con las otras personas	• Dimensión productiva (iniciativa): imaginar, desarrollar y concretar proyectos con creatividad y responsabilidad		

1 Conozco cómo soy

El gran día

—Sara, deja ya de preocuparte y date prisa. ¡Vas a llegar tarde!

Me llamo Sara y tengo 10 años. Tengo un hermano pequeño que está en tercero. Vivíamos muy bien en Málaga, pero la empresa donde trabaja mi madre ha hecho muchos cambios y nos hemos tenido que mudar a Sevilla.

Me gusta mucho ir al colegio y suele irme bien, me llevo bien con toda la clase y, además, saco muy buenas notas, pero hoy no me apetece nada ir a la escuela.

Ahora tengo que empezar en un colegio nuevo y estoy muy nerviosa, incluso un poco asustada. No conozco a nadie y no sé cómo me van a aceptar. Ayer hablamos toda la familia para que mi hermano y yo estuviéramos tranquilos. Nos dijeron que somos muy sociables y alegres, que sabemos escuchar y no meternos en problemas y que, muy rápidamente, tendríamos muchas amistades.

Papá y mamá también han tenido que empezar a trabajar en lugares nuevos y les ha ido muy bien.

¡Hoy es el gran día!, ¿qué pasará?

¿Cómo soy?

Todas las personas somos diferentes, y todas tenemos nuestras fortalezas y nuestras debilidades; por eso, es muy importante conocernos para ser capaces de controlar nuestros sentimientos y nuestras emociones.

Te proponemos un reto

¿Crees que serás capaz de conocer tus fortalezas y tus debilidades y de controlar tus emociones?

Para superar el reto... investigo y aprendo

- Me valoro
- Tengo sentimientos
- Aprendo a controlarme
- Cada vez soy más independiente

Para demostrar que lo he superado... hacemos un perfil psicológico

- Paso 1: Elaboramos un DAFO.
- Paso 2: Escribimos un «emocionario».
- Paso 3: Construimos un semáforo de las emociones.
- Paso 4: Respondemos a un test de autoestima y sobre la dignidad personal.
- Paso 5: Recopilamos los datos psicológicos mediante un organizador gráfico y un organizador visual.

Me valoro

A veces, nos encontramos en situaciones que nos preocupan; por ejemplo, cuando vamos a un sitito nuevo y no sabemos cómo hacer las cosas... Tenemos que esforzarnos y, de vez en cuando, pasar algunos malos momentos, pero, al final, aprendemos lo que tenemos que hacer. En definitiva, todas las personas pasamos por muchas situaciones así a lo largo de nuestra vida: vamos a un nuevo colegio, empezamos alguna actividad extraescolar, hacemos nuevas amistades...

Características personales

Naturalmente, hay personas más abiertas y otras más tímidas, de manera que algunas se adaptan más fácilmente a una situación nueva, pero tanto unas como otras pueden conseguir el éxito.

Algunas de esas características personales las heredamos de nuestros padres y de nuestras madres, y es difícil cambiarlas; otras, en cambio, son propias de cada persona. Por eso, podemos ser muy diferentes, incluso de los familiares cercanos.

También todas las personas tenemos algunos defectos; por ejemplo, quizá somos un poco perezosas. Pero siempre podemos mejorar si nos lo proponemos de verdad.

Lo que nos distingue

Ninguna persona es perfecta, pero quienes nos quieren saben ver nuestras fortalezas. Además, nos corrigen lo que hacemos peor y fomentan aquello en lo que destacamos, porque igual que hacemos cosas mal, también las hay que se nos dan mejor.

Cada persona tiene unas características que la convierten en lo que es. Por ejemplo, hay quienes demuestran mucha generosidad, aunque no tengan mucho dinero. Si no es posible lograr la perfección, no podemos pedir a nadie que la alcance. Esa exigencia solo genera frustración.

Logros y dificultades

Desde la infancia debemos aprender a aceptarnos, a disfrutar de nuestras fortalezas y a conocer nuestras debilidades. A partir de ahí, con esfuerzo mejoraremos en las primeras y corregiremos las segundas.

Es frecuente que en el colegio nos toque repetir algunos ejercicios y que tengamos que aprender a ser más pacientes. Y no es raro que nos disguste al principio, pero debemos reconocer que esa es la manera de resolver las dificultades.

Del mismo modo que hay materias o tareas que nos cuestan más, en otras destacamos porque se nos dan muy bien. Esa variedad de capacidades permite que nos ayudemos y que mejoremos gracias al trabajo en común.

Comprende, piensa…

1. Imaginad que viene una nueva compañera o un nuevo compañero al colegio. ¿Cómo deberíais comportaros para hacerle agradable la situación?
2. Imagina que ahora estás tú en esa situación. ¿Cómo crees que te sentirías? ¿Qué esperarías de tus compañeros y compañeras?
3. ¿Cómo pensáis que pueden ayudaros los profesores y las profesoras a ganar autoconfianza? ¿Creéis que se conseguiría si os regalaran unas notas altas, pero injustas? Argumentad vuestra respuesta explicando cuáles son vuestros valores.

Paso 1 2 3 4 5

Rellenamos un DAFO para descubrir nuestras fortalezas y nuestras debilidades y conocernos mejor.

Un DAFO es una herramienta empleada en el ámbito empresarial para analizar la realidad de una empresa y tomar decisiones sobre su futuro. Consta de las siguientes partes:

- **Fortalezas:** en este apartado, anotamos los aspectos en los que destacamos, que nos diferencian de otras personas.
- **Debilidades:** reconocemos nuestras limitaciones, las tareas que se nos dan peor.
- **Oportunidades:** señalamos los factores externos que nos pueden favorecer, que permiten desarrollar nuestras fortalezas.
- **Amenazas:** asumimos las dificultades externas que pueden acentuar nuestras debilidades.

Tengo sentimientos

No somos robots

Hay mañanas en las que nos levantamos tristes y otras en las que estamos alegres, días que se nos dan mejor y días en los que algunas cosas nos salen mal, compañeros y compañeras que nos hacen reír y otras personas con las que hablamos menos...

A todas las personas nos gustaría sentirnos siempre bien, pero no es posible. Es más, es precisamente el contraste entre unos momentos y otros lo que hace que disfrutemos de los ratos buenos.

Las personas tenemos sentimientos y eso nos convierte en seres muy especiales.

La polaridad de las emociones

Una característica de las emociones es que pueden ser negativas o positivas: así ocurre con la tristeza y la alegría, la tranquilidad y la inquietud, el miedo y la confianza, el odio y el amor...

En diferentes momentos nos podemos encontrar mejor o peor y hay personas que casi siempre suelen estar bien. Eso hace que sean muy valientes, o muy cariñosas, o muy simpáticas. También tienen momentos peores, pero sus cualidades personales les permiten destacar por uno o por otro motivo.

La intensidad de las emociones

Un segundo rasgo de las emociones es su intensidad. A veces están dormidas, mientras que otras son tan fuertes que ocultan todas las demás. Incluso pueden no dejarnos pensar en otras cosas, como cuando nos dominan los nervios porque vamos a realizar una actividad que nos gusta mucho.

También hay ocasiones en las que son menos intensas y podemos sentir varias a la vez. Por ejemplo, podemos estar alegres e indiferentes. Podríamos poner una puntuación a cómo nos encontramos en cada momento. Del cero al diez, por ejemplo, ¿cómo estás de alegre? ¿Y de impaciente?

Identificamos los sentimientos

Cuando somos bebés, nuestra capacidad de pensar no está todavía muy desarrollada. Lloramos, nos relajamos, gritamos, sonreímos... Pero cuando nos vamos haciendo mayores, aprendemos a reconocer las emociones que causan esas reacciones, a saber cómo nos encontramos y a buscar por propia iniciativa lo que nos hace sentir mejor.

De bebés, dependemos de las personas adultas para satisfacer nuestras necesidades, como la comida, la limpieza o el descanso, pero con la edad no solo aprendemos qué nos gusta más, sino también cómo conseguirlo.

Expresamos las emociones

Mediante gestos comunicamos las emociones, que, a veces, nos delatan; por ejemplo, cuando nos preguntan qué tal estamos y decimos que bien, pero nos sentimos tristes.

Entonces, es frecuente que la persona que nos lo ha preguntado, si nos conoce y nos quiere, observe que no es cierto y quiera saber algo más. Esa actitud hace que nuestra vida sea mejor, que podamos disfrutar de la compañía de las demás personas, y recibir consuelo y ánimos.

Comprende, piensa...

1 Folio giratorio Organizaos en grupos y escoged un color para cada una de las siguientes emociones: amor, alegría, tranquilidad, tristeza, confianza, rabia y dolor. Cada persona del grupo escribirá una palabra o hará un dibujo que represente una emoción. En grupo, componed un mural.

2 Busca un cuento en el que los personajes manifiesten alguna emoción. Cuéntalo en clase.

3 Jugad en dos equipos. Una persona escribe una emoción y otra del otro equipo tiene que representarla para ver si sus compañeros y compañeras son capaces de adivinar cuál es en menos de treinta segundos. Si lo consiguen, cambia el turno al equipo siguiente. En caso contrario, se repiten los papeles, aunque quien representará la emoción será otra jugadora u otro jugador.

1 2 Paso 3 4 5

Escribimos un «emocionario» de lo que hemos sentido durante esta semana.

Un «emocionario» es un diario en el que anotamos las emociones que vamos experimentando a lo largo de un período de tiempo.

Para conoceros mejor emocionalmente, escribid un «emocionario» en el que anotéis las principales emociones que habéis sentido durante la última semana.

Aprendo a controlarme

Emociones que nos dominan

De bebés, las personas son incapaces de controlar las emociones. Si tienen dolor o sienten hambre, gritan o lloran desconsoladamente hasta que se les pasa el dolor o comen.

En la infancia, en la adolescencia y en la vida adulta nos ocurre también en alguna ocasión que sentimos una emoción tan intensa que nos somete completamente. A veces, nos reímos a carcajadas o nos enfadamos y cogemos una rabieta. Pero, poco a poco, vamos madurando y dominándonos: si estamos tristes, procuramos pensar en situaciones alegres; si nos enfadamos, no nos enfrentamos con las demás personas...

Buscamos soluciones

A diferencia de cuando éramos bebés, es un rasgo característico de las personas cuando nos hacemos adultas aprender a buscar soluciones para nuestros problemas.

Por ello, cuando nos sucede algo malo, tratamos de mejorar la situación y de pensar en la manera de resolverla. Cuando lo logramos, la razón nos ayuda a evaluar distintas alternativas y a seleccionar la mejor.

Regulamos la afectividad

Para llevar una vida satisfactoria, las personas intentamos aumentar las emociones positivas y evitar las negativas, pero en ambos casos tenemos que evitar que dicten nuestro comportamiento.

Es importante que entendamos que las demás personas no están para servirnos ni podemos someterlas a la esclavitud. No se puede obligar a nadie a querernos todo el tiempo ni a prestarnos su atención en exclusiva. Tenemos que aprender a querer sin egoísmo y a evitar el odio. Querer y recibir afecto, sabiendo cómo, cuándo y a quién, son aprendizajes muy importantes.

Gestionamos nuestras emociones

A diferencia de los robots, los seres humanos tenemos sentimientos y manifestamos emociones, pero resulta importante que aprendamos a manejarlos. En ese autodominio consiste la vida de las personas adultas en las que nos estamos convirtiendo.

Fijaos en vuestro alrededor: los niños y las niñas de corta edad apenas saben controlarse, mientras que las personas mayores procuran gestionar sus emociones.

Desarrollo emocional

A los dos años, las niñas y los niños empiezan a reconocer sus sentimientos, a evitar las emociones negativas y a buscar las positivas. Naturalmente, al principio lo hacen con dificultad y por eso ríen a carcajadas y lloran sin consuelo.

Cuando comienzan a relacionarse con sus iguales, tienen que aprender que no siempre pueden tener lo que quieren, que pueden competir amistosamente o jugar con otras niñas y otros niños.

Un niño o una niña de diez años ya debe saber que sus emociones influyen en su relación con las demás personas, que su alegría hace que sus compañeros y sus compañeras reconozcan su simpatía y quieran entablar una amistad.

Hasta convertirse en personas adultas, las niñas y los niños tienen mucho camino por delante, pero si han conseguido reconocer y controlar sus emociones y sus sentimientos será un camino más fácil.

Comprende, piensa…

1. Piensa en la última vez que has «perdido la cabeza» de alegría. ¿Por qué crees que se emplea esa expresión?
2. Analizad en común el siguiente caso: un niño o una niña ha insultado a alguien. ¿De qué formas puede reaccionar esta persona? ¿Cuál es la mejor?
3. ¿Crees que sabes controlar tus emociones o bien que te dejas llevar por ellas?

1 2 3 Paso 4 5

Construimos un semáforo para aprender a controlar nuestras emociones.

Identificamos diez emociones, cinco positivas y cinco negativas, y establecemos en cada una de ellas tres niveles, empleando el código de colores de los semáforos: verde, cuando la emoción está bajo control; ámbar, cuando nos cuesta dominarla, y rojo, cuando es ella la que nos domina.

Cada vez soy más independiente

Libertad

Si las emociones y los sentimientos me dominan, no soy libre; si soy yo quien los controla, entonces sí lo soy. No basta, por lo tanto, con que asimile las ideas que me enseñan en la escuela; es necesario también que aprenda a reconocer cómo me encuentro y a gestionar mi estado de ánimo. Esta capacidad es otra forma de inteligencia.

¿Os imagináis a una persona muy inteligente, pero que siempre esté de mal humor o se coja unas rabietas terribles? ¿Realmente os parecería tan lista?

Busco mi mejor versión

Efectivamente, controlar nuestros sentimientos nos convierte en personas más felices e inteligentes. Por eso, la libertad es una herramienta clave en nuestras vidas si sabemos utilizarla bien.

Ahora bien, la libertad nos permite elegir correcta o incorrectamente; es una capacidad de la que podemos sacar partido, consiguiendo llegar a ser buenas personas, serenas y capaces de relacionarnos con las demás de un modo que contribuya a que nos sintamos mejor.

Autoestima

Es frecuente que las niñas y los niños sean bastante alegres y tengan confianza en sus capacidades. También lo es que cometan pequeños errores o que sufran algún accidente. Cuando tropezamos y caemos, sentimos cierta inseguridad, pero también aprendemos y mejoramos.

Las personas que nos quieren nos corrigen con amabilidad y con justicia, por lo que no debemos perder nuestra autoestima. En cambio, si alguien nos insulta o nos maltrata, es mejor que no hagamos caso o que se lo digamos a quien nos pueda ayudar.

Contar nuestras preocupaciones a familiares y a docentes no significa que seamos peores que las demás personas, sino todo lo contrario, demuestra nuestra confianza en las personas adultas y puede ayudarnos tanto a buscar una solución como a aprender a resolver el problema autónomamente.

Ahora bien, todas las personas necesitamos ayuda en algún momento. Pedir ayuda cuando la precisamos no quiere decir que no confiemos en nuestras capacidades, sino que es una muestra de inteligencia.

Dignidad personal

Las personas se necesitan unas a otras, y, aunque solo fuera porque somos seres humanos, tenemos valor. Las diferencias que observamos entre unas y otras no convierten a unas en mejores o en peores que otras, y todas merecen el respeto de las demás.

Debemos aprender a valorar a las otras personas y hemos de ayudarlas a mejorar cuando sea necesario, pero evitando menospreciarlas o hacerles daño. Al fin y al cabo, si a mí no me gusta que me desprecien porque hace que me sienta mal, a nadie le gusta.

1 2 3 4 Paso 5

Contestamos a un test para comprobar nuestro nivel de autoestima y para valorar la dignidad personal.

Responde «sí», «a veces» o «no» a las siguientes afirmaciones:

1. Me satisface mi aspecto físico.
2. Tengo muchas cualidades y sé hacer muchas cosas.
3. Asumo mis errores y soy capaz de rectificar.
4. Comprendo que hay que esforzarse para mejorar.
5. Reconozco y celebro los éxitos de otras personas.
6. Escucho la opinión que tienen sobre mí otras personas, pero yo tomo mis propias decisiones.
7. Estoy conforme con lo que tengo y con mi forma de ser.
8. Acepto las críticas y las asumo como una oportunidad para mejorar.
9. Creo que en el futuro, gracias a mi esfuerzo, tendré una vida satisfactoria.
10. Pienso que todas las personas somos valiosas, tolero las diferencias y las respeto.

Comprende, piensa...

1 Piensa en algún personaje de televisión que se enfade mucho. ¿Te parece inteligente? ¿Por qué? ¿Cómo crees que gestiona su estado de ánimo?

2 Asamblea de ideas Valorad en grupo las consecuencias del comportamiento de la persona que está continuamente enfadada, tanto las consecuencias para ella como para las demás personas.

3 Pienso. Me interesa. Investigo Buscad en los medios de comunicación alguna situación en la que no se respete la dignidad de las personas e investigad sobre ella.

Paso 5

Organizamos la información personal para elaborar un perfil psicológico.

Organizador gráfico

En una cartulina dibujamos el siguiente organizador y reunimos y analizamos la información que hemos obtenido al superar los distintos pasos del reto que nos hemos propuesto para conocer cómo somos.

ALUMNO O ALUMNA

1 DAFO

Identificación de nuestras fortalezas y de nuestras debilidades, así como de las oportunidades y de las amenazas que se nos presentan.

- Fortalezas: ¿Qué se me da bien? ¿En qué destaco?
- Debilidades: ¿Qué se me da peor? ¿Cuáles son mis limitaciones?
- Oportunidades: ¿Qué factores externos me favorecen?
- Amenazas: ¿Qué dificultades externas me limitan?

2 EMOCIONARIO

Reconocimiento de las emociones que más influyen en nuestra forma de ser, que determinan nuestro carácter.

- ¿Hay alguna emoción que se repite más que las otras?
- ¿Predominan las emociones positivas o las negativas?
- ¿Experimento muchos cambios de estado de ánimo o, más bien, me mantengo estable?
- ¿Influyen mucho las emociones en mi forma de comportarme?

3 SEMÁFORO DE LAS EMOCIONES

Control de las emociones y desarrollo emocional.

- ¿En qué emociones el semáforo está en verde? ¿Cuántas son?
- ¿En qué emociones el semáforo está en ámbar? ¿Cuántas son?
- ¿En qué emociones el semáforo está en rojo? ¿Cuántas son?
- ¿Qué color del semáforo predomina en las emociones positivas? ¿Y en las negativas?

4 TEST DE AUTOESTIMA Y DIGNIDAD PERSONAL

Valoración de la autoestima y de la dignidad personal.

- ¿He respondido «sí» a la mayoría de las afirmaciones del test?
- ¿He respondido «no» a la mayoría de las afirmaciones del test?
- ¿He respondido «a veces» a la mayoría de las afirmaciones del test?
- ¿Qué aspectos relacionados con la autoestima tengo que mejorar? ¿Reconozco la dignidad personal?

Organizador visual

En la otra cara de la cartulina dibujamos de nuevo el organizador y sustituimos la información recopilada y las respuestas que hemos dado a las preguntas propuestas por imágenes.

Una vez completado el perfil psicológico, **¡nos conocemos mejor!**

Zona cívica

Analizamos emociones

La comprensión y el control de las emociones no son algo sencillo. Para empezar, muchas de las emociones no sabemos ni cómo se llaman y, a veces, no somos conscientes de que las estamos experimentando, porque no nos paramos a analizar qué nos pasa.

Para aprender a identificarlas, vamos a reflexionar con detenimiento sobre lo que sentimos y lo reflejaremos en un gran póster, por lo que el trabajo exigirá un esfuerzo en equipo bien coordinado.

¿Qué vamos a hacer?

El análisis de las emociones se realizará desde diferentes perspectivas para que sea completo:

1. Deberemos encontrar una definición para cada emoción que trabajemos.
2. Buscaremos y escribiremos situaciones en la vida de cada miembro del equipo en las que se ha experimentado esa emoción.
3. Anotaremos la forma de reaccionar de cada miembro del equipo cuando siente esa emoción.
4. Analizaremos cuáles serían las formas extremas de reaccionar ante esa emoción y qué podríamos hacer para controlarnos si nos ocurriera eso.

¡Manos a la obra!

1. Organizaos en grupos y nombrad un coordinador o una coordinadora. Vais a analizar varias emociones.
2. Elegid cuatro emociones entre las de la lista que presente el profesor o la profesora tratando de que sean distintas de las de otros grupos. Si lo preferís, podéis proponer una emoción.
3. Buscad o diseñad una ilustración que refleje esa emoción y haced un análisis como el del ejemplo. Repartid las tareas y presentadlo a la clase.

Ejemplo

Ternura

Definición

Es el cariño, el amor que una persona manifiesta y demuestra por otras personas, animales o cosas.

Situaciones

- Rosa siente ternura cuando está con sus gatitos.
- Juan dice que le ocurre lo mismo con su abuela y con su abuelo, a quienes adora.

Reacciones

- Rosa dice que cuando va a una tienda de animales se siente así con todos los cachorros y a veces llora.
- Juan necesita hablar o ver a su abuelo y a su abuela todos los días.

Debemos controlarnos

No podemos estar todo el tiempo abrazando, tocando, acariciando a ese ser querido; también necesita su espacio y podemos llegar a cansarlo.

Cine con valores

Del revés (Inside Out)

En este proyecto vamos a ver la película *Del revés*, dirigida por Pete Docter y Ronnie del Carmen, y la llevaremos al campo de nuestras emociones.

En esta película se muestran dos mundos que conviven en la vida de una niña de once años, Riley: la realidad exterior y sus conflictos emocionales.

1 En grupos, contad brevemente cómo es la vida de Riley antes de que un acontecimiento especial haga que dé un vuelco.

2 Reflexionad por equipos a partir de la siguiente batería de preguntas:

1. ¿Son necesarias las emociones que aparecen en la película? ¿Por qué?
2. ¿Existen otras emociones derivadas de estas? Nombrad algunas de ellas.
3. ¿Crees que la ira es necesaria? ¿Consideras que está bien manifestarla? ¿Cómo la manejas tú?
4. ¿Qué representan las islas que aparecen en la película (como la de la familia o la de las payasadas)?
5. Nombrad otras islas que definan la personalidad de Riley. ¿Por qué desaparecen algunas de esas islas?
6. Intentad hacer un mapa de las islas que dan forma a vuestra personalidad.
7. ¿Qué representan las bolas que viajan por tubos y se almacenan en estanterías?
8. ¿Cómo vive Riley su primer día en el nuevo colegio? ¿Y su madre y su padre?
9. ¿Qué hace cada uno de los personajes de la película para cuidar de Riley?
10. Añadid otras dos preguntas más y pasadlas al resto de equipos para que las respondan.

3 Observad el aspecto que han dado a las cinco emociones de Riley en la película. ¿Por qué creéis que las han dibujado así?

ALEGRÍA	TRISTEZA	MIEDO	IRA	ASCO

4 Copiad en vuestro cuaderno y completad la siguiente ficha sobre las cinco emociones básicas en la personalidad de Riley:

EMOCIÓN					
ASPECTO					
FUNCIÓN					

5 Basándose en los personajes de la película, cada equipo diseñará en una cartulina la emoción que le haya correspondido.

6 Escribe una experiencia que te haya provocado alguna de estas cinco emociones básicas. Los otros miembros del equipo deben adivinar qué emoción sentiste.

7 En el panel de control de la mente de Riley domina Alegría. ¿Cuál es la emoción que domina en el tuyo? ¿Recuerdas qué emociones dirigen las mentes de la madre y del padre de Riley?

8 En un papel continuo lo suficientemente grande, dibujad cada una de las figuras de las emociones de la película con vuestra estatura.

A continuación, pegadlas a una lámina de cartón. Después, recortad un hueco para poder poner vuestras caras en cada personaje. Por último, añadid unas asas para sujetar la figura.

Una vez terminado el trabajo, haceos fotos de equipo, cada miembro del grupo imitando la expresión de la emoción correspondiente.

9 Dibuja tu ira en un papel y después haz con él lo que necesites para demostrar que la controlas (tirarlo a la papelera, arrugarlo, pisarlo…).

2 Conozco a las otras personas

¡Cuánto trabajo!

¡Menuda semana! Hemos hecho varios exámenes y he tenido que estudiar mucho. También mi hermano Carlos ha estado muy ocupado, pues tenía que hacer un trabajo con sus compañeras y compañeros de clase y ha ido todas las tardes a casa de su amiga Elena.

Mi padre se pasa todo el día en la tienda y mi madre ha tenido que viajar unos días con su empresa. No han parado en toda la semana. ¡Pero ya ha llegado el fin de semana y, por fin, podremos descansar!

Hoy es sábado y está toda la familia en casa porque hace mal tiempo. Es un poco aburrido, pero mi madre ha dicho que vamos a ver una película. ¡Esta vez la escojo yo! ¡Me encantan las películas de acción!

Pero antes de poner la película, hay que limpiar la casa. Acabamos de comer, hay que fregar los cacharros, recoger la mesa, barrer y fregar la cocina y el comedor. ¡Cuánto trabajo! ¿Quién lo hará?

¿Cómo son las otras personas?

Tenemos que esforzarnos en conocer a las otras personas poniéndonos en su lugar y debemos respetarlas rechazando cualquier tipo de discriminación, especialmente entre mujeres y hombres, entre niños y niñas en nuestro caso.

Te proponemos un reto

¿Crees que serás capaz de reconocer situaciones de discriminación y de proponer soluciones?

Para superar el reto... investigo y aprendo

- Empatizo
- Nos respetamos
- Niñas y niños
- Hombres y mujeres

Para demostrar que lo he superado... representamos una obra de teatro

- Paso 1: Diseñamos los personajes.
- Paso 2: Describimos situaciones de discriminación.
- Paso 3: Escribimos una escena de discriminación en el ámbito privado.
- Paso 4: Escribimos una escena de discriminación laboral.
- Paso 5: Escribimos y representamos una obra de teatro sobre la discriminación.

Empatizo

De la misma manera que comunicamos nuestros sentimientos, también podemos captar los que las otras personas manifiestan. Así conseguimos darnos cuenta de cuándo alguien necesita consuelo o de cuándo está contento. De este modo, ayudamos y compartimos alegría, es decir, empatizamos con las demás personas.

La empatía es una cualidad humana extraordinaria. No sabemos si los insectos se ponen contentos o tristes, pero si lo hacen, los seres humanos no lo percibimos. En cambio, si se trata de otras personas, sí nos damos cuenta de su estado de ánimo.

Las habilidades comunicativas no verbales

Descubrimos la tristeza porque los ojos aparecen más apagados, los labios describen una mueca quejosa y se agacha la cabeza. Y la alegría se muestra con una sonrisa, a veces hasta con carcajadas. La postura del cuerpo y los rasgos de la cara nos ayudan mucho a comunicarnos.

Cuando somos bebés, no necesitamos hablar para que nuestros familiares sepan si sentimos alegría o si estamos tristes. También a esa edad aprendemos a reconocer el estado de ánimo de las personas que nos rodean fijándonos en la expresión de su cara.

Prestar atención a los gestos y a las posturas de otras personas nos ayuda a entender mejor cómo se sienten, a compartir sus alegrías y a consolarlas cuando están apenadas.

Reconocemos emociones

Las personas más empáticas son las que se dan cuenta con mayor precisión de cómo se encuentran las otras personas. Así pueden actuar del modo más adecuado, procurando mostrar la sensibilidad correcta en cada momento.

Es muy importante que evitemos herir los sentimientos de otros seres humanos. A veces decimos cosas que molestan y ni siquiera nos damos cuenta de que provocamos malestar. Pero si prestamos atención, podremos percibirlo y mejorar nuestra relación con el resto de personas.

Escuchamos activamente

Para mejorar nuestra capacidad empática, debemos atender a los mensajes que nos transmiten las demás personas, a lo que nos dicen y a las emociones que muestran. No basta con oír lo que cuentan, sino que hemos de escuchar procurando comprender bien qué es lo que las preocupa, lo que quieren decir y lo que expresan.

Escuchar a otras personas es una muestra de interés y de respeto. Como decía Epicteto, un esclavo romano liberado por su gran sabiduría: «Tenemos dos orejas y una boca para que podamos escuchar el doble de lo que hablamos».

Comprende, piensa...

1 Colocaos por parejas espalda contra espalda. Escoged cada persona de la pareja una emoción o un estado de ánimo (tristeza, alegría, miedo...), escribidlo en un papel y contad un cuento como si os sintierais así. El juego acaba cuando el compañero o la compañera adivina la palabra que habéis escrito.

2 Jugad a expresar emociones mediante la expresión facial. Simulad una emoción para que los compañeros y las compañeras la adivinen. El que acierte es el siguiente en jugar.

3 Sumamos ¿Crees que alguien que no presta atención a las demás personas, que se muestra impasible ante su sufrimiento o su alegría, tendrá amigos y amigas? Explica tu opinión.

Paso 1 2 3 4 5

Diseñamos los personajes.

Una vez que sabemos describir e identificar las emociones en las demás personas, en grupos, diseñaremos los caracteres de los personajes de la obra de teatro.

Para ello, seleccionaremos tres personajes tipo que protagonizarán la obra y escribiremos un breve monólogo en el que cada personaje tipo se describa a sí mismo:

- **Personaje tipo 1:** es la persona que se aprovecha de otras que están en situación de desventaja.
- **Personaje tipo 2:** es una persona o un grupo de personas que sufre una situación de discriminacion.
- **Personaje tipo 3:** son las personas que contemplan o que se benefician de la situación de discriminacion.

Nos respetamos

Si fuéramos robots o plantas, no necesitaríamos preocuparnos por las demás personas. Cada cual haría lo que le corresponde, pero sin saber cómo se sienten las otras personas ni interesarse por ellas.

Lo humano

Las personas vivimos en sociedad y nos importa lo que les sucede a quienes nos rodean. Como decía un personaje de una obra de Terencio, un escritor romano, «puesto que soy humano, nada humano me es ajeno».

Terencio nació siendo esclavo en África, pero su talento como autor de teatro hizo que fuera liberado. No es extraño que tuviera tanta sensibilidad como para expresar pensamientos como el anterior.

Debemos aprender de experiencias como la suya, pues la esclavitud es inaceptable. Todas las personas somos seres humanos, iguales, y debemos preocuparnos por todas las demás.

Evitamos menospreciar a otras personas

Una persona atenta utiliza su capacidad para conectar con las demás de un modo correcto, procurando siempre colaborar con quien se siente mal y evitando reírse de otras personas o hacer comentarios que les causen dolor.

En particular, es inaceptable menospreciar a alguien porque se muestra sensible, llora o tiene el valor de mostrar sus sentimientos ante otras personas.

Rechazamos la discriminación

Efectivamente, de todas las personas podemos aprender. Debemos tratarnos unas a otras de una manera respetuosa. Es más, tampoco hemos de permitir que las demás discriminen a nadie.

Los derechos humanos establecen que todas las personas somos iguales y las leyes de nuestro país prohíben la discriminación; es decir, maltratar a una persona por considerarla diferente o inferior.

Mujeres y hombres tenemos el mismo valor, somos igual de importantes, y tenemos los mismos derechos, y por eso debemos tener las mismas oportunidades de conseguir cualquier trabajo, debemos compartir las tareas del hogar, debemos jugar a lo que nos apetezca…

Da igual cuáles sean nuestra raza y nuestra orientación sexual o nuestra identidad de género, que no pueden ser motivos de insultos, de menosprecio ni, mucho menos, de agresiones.

Cada cual puede tener las creencias que quiera siempre que sean respetuosas con las de las demás personas. Hay diferentes religiones en el mundo y la mayoría de fieles de cada una de ellas desea convivir amistosamente con quienes tienen otras creencias. También se ha de tener la misma tolerancia con quienes no profesan ninguna fe religiosa.

Algo parecido sucede con las edades, pues independientemente de nuestra edad (niñez, juventud, madurez o vejez), todas las personas somos valiosas y merecemos respeto.

Tampoco las enfermedades pueden ser motivo de discriminación, da igual que sean físicas o psíquicas. Hemos de ser especialmente sensibles en el caso de las enfermedades contagiosas, que pueden provocar menosprecio o maltrato. Evidentemente, debemos procurar no contagiarnos o contagiar a alguien cuando no estamos sanos, pero eso no significa que alguien deba sufrir discriminación.

Con nuestras cualidades y nuestras limitaciones, todas las personas compartimos la misma dignidad.

Comprende, piensa...

1 Repartid las tareas, buscad información sobre quiénes fueron Terencio y Epicteto y presentad el resultado en clase.

2 ¿Alguna vez te has sentido víctima de menosprecio? Piensa y describe en tu cuaderno cómo crees que se siente alguien cuando lo menosprecian y cómo puede superarlo.

3 Define *discriminación*, pon algún ejemplo y explica por qué debe ser rechazada.

1 2 Paso 3 4 5

Describimos situaciones de discriminación.

Tras la definición de los personajes, a continuación os proponemos describir brevemente una situación de discriminación en la que participen los personajes tipo que hemos imaginado. La razón de la discriminación puede ser cualquiera de las que acabas de estudiar u otra: sexo, raza, religión, edad, enfermedad, diversidad funcional…

Niñas y niños

Algunas diferencias

Efectivamente, todas las personas somos igual de importantes y de valiosas, y merecemos el mismo respeto. Pero eso no significa que seamos idénticas. Ya hemos visto que cada persona tiene sus peculiaridades. De hecho, las niñas y los niños, por ejemplo, somos diferentes.

Hemos de valorar esas diferencias como algo positivo, nunca como algo negativo. Y, por supuesto, no debemos considerar que esas diferencias significan superioridad.

Desigualdades

Las diferencias no pueden suponer desigualdades de trato ni de derechos. Cada cual puede jugar a lo que más le guste, y las niñas y los niños podemos aspirar a realizar las mismas tareas, porque nuestras capacidades son iguales.

De la misma manera que hay personas más altas o más bajas, con los ojos azules o marrones…, hay niños y niñas. Y a nadie se le ocurriría prohibir a alguien jugar al fútbol o reírse de él porque prefiera dibujar o simplemente porque tenga pecas.

Debemos identificar y rechazar todos los intentos de discriminar y de establecer desigualdades, tales como no dejar a una persona realizar una tarea que le guste.

Iguales

Si hablamos de derechos, de responsabilidades o de deberes, somos iguales. Antes, a las mujeres se les prohibía realizar ciertas actividades, pero nuestra sociedad se ha dado cuenta de que su aportación resulta muy enriquecedora.

Las niñas nunca han sido menos inteligentes que los niños. Y, por supuesto, cuando son adultas, las mujeres pueden realizar cualquier tipo de trabajo, porque no son inferiores a los hombres.

Lenguaje publicitario

Tenemos que ser capaces de darnos cuenta de que todavía hay gente que trata de manera diferente a las niñas y a los niños, procurando encasillarlos en un modelo determinado.

Esto ocurre, con frecuencia, en el lenguaje publicitario, que, por ejemplo, utiliza a modelos femeninas para vender coches. Esta diferenciación también se refleja en anuncios dirigidos al público infantil.

Observad la publicidad relacionada con los juguetes. ¿Aparecen las niñas con muñecos de acción o con uniformes de equipos de fútbol? ¿Y los niños con planchas de juguete o con muñecas?

Cada cual puede jugar con lo que más le guste y no debemos dejar que sean las empresas que venden juguetes quienes decidan qué debemos preferir.

1 2 3 Paso 4 5

Escribimos una escena de discriminación en el ámbito privado.

A partir de la información que hemos recabado sobre las tareas que realizamos en nuestra casa y sobre los juegos que practicamos en el colegio, tenemos la información necesaria para escribir una escena en la que una niña se sienta discriminada en casa o en el colegio.

Comprende, piensa...

1. Rastreador de problemas Durante una semana, anotad los juegos en los que participáis en el colegio y las tareas que hacéis en casa. Compartid en clase todas las listas y analizad qué hacen las chicas y qué hacen los chicos. ¿Son las mismas cosas? ¿Son diferentes? Debatid en clase sobre el resultado.
2. Buscad en casa publicidad de juguetes y llevadla a clase. Valorad en común qué juguetes parecen para niñas, y cuáles, para niños, y explicad por qué. ¿Pensáis que está bien que sea así o creéis que cada cual debería elegir con qué jugar?
3. Dividíos en grupos, escoged diferentes juguetes y escribid un guion para realizar un anuncio no sexista: por ejemplo, un niño que juega con muñecas o una niña que quiere un balón de rugby.
4. Algunas personas se burlan de otras porque, en su opinión, les gustan «cosas de chicos» o «cosas de chicas». ¿Qué les dirías a las personas?

Hombres y mujeres

Desigualdades laborales y sociales

Aunque las mujeres son tan capaces como los hombres de realizar todos los trabajos, año tras año aparecen estadísticas que dicen que en los cargos más importantes hay más hombres que mujeres. Es más, todavía hay quien prefiere contratar a hombres porque piensa que trabajarán más o mejor.

Incluso hay hombres que consideran que es mejor que las mujeres no trabajen fuera de casa. Sin embargo, de esa manera se impide que las mujeres se realicen y consigan ser autónomas.

Todas estas desigualdades laborales y sociales son uno de los problemas que estamos tratando de resolver. Nuestra sociedad no será justa mientras las mujeres no tengan, además de los mismos derechos, las mismas posibilidades reales que los hombres.

Dilemas

Sin embargo, seguimos sin ser exactamente iguales. ¿Significa eso que las mujeres trabajarán peor o menos tiempo que los hombres? ¿Acaso no pueden los hombres hacerse cargo de la familia y de la casa?

Reconocer y valorar la diferencia entre hombres y mujeres, apreciar la riqueza que supone esa diversidad no puede ser nunca una excusa para que uno de los géneros se imponga sobre el otro o intente manipularlo.

Tendemos a pensar que «el médico» o que «el director» de una empresa será un hombre; mientras que «la enfermera» o «la secretaria» será una mujer. Nos cuesta incluso imaginar a «un hombre de la limpieza» o a «un canguro» que cuide de niñas y de niños.

Pero, cada vez más, las tareas se van equilibrando. Y esto no solo debe ocurrir en el mundo laboral, en el que es muy frecuente encontrar mujeres ejerciendo la medicina y hombres trabajando como limpiadores, sino también en los hogares.

El lenguaje

El lenguaje suele reflejar las ideas de una sociedad. Y como nuestro idioma se ha ido formando en una sociedad machista, no es raro encontrar ejemplos en los que se descubra el menosprecio hacia las mujeres.

Así, por ejemplo, decimos de alguien que es un «gallo» o un «gallito» cuando presume de ser valiente, mientras que llamamos «gallina» a alguien que huye como un cobarde.

Incluso podemos recordar lo que supuestamente dijo la madre de Boabdil a su hijo cuando abandonó Granada: «Llora como mujer lo que no has defendido como hombre».

Durante mucho tiempo se ha identificado a las mujeres como el «sexo débil» cuando demuestran tanta fortaleza como los hombres. Debemos rechazar expresiones como esa aunque se hagan con supuesta amabilidad.

El camino hacia la igualdad

Nuestra sociedad ha dado pasos muy firmes en los últimos doscientos años hacia una igualdad auténtica de derechos. Las mujeres pueden votar, presentarse en las elecciones para ser elegidas, estudiar, trabajar…

No obstante, todavía queda camino por recorrer, por lo que debemos mantenernos firmes en la convicción de que esa igualdad es un objetivo deseable y alcanzable.

1 2 3 4 5 Paso 4

Escribimos una escena de discriminación laboral.

Como complemento a la escena anterior en la que tratábamos sobre la discriminación de la mujer durante la infancia, escribiremos ahora una escena en que se discrimine a una mujer en el ámbito laboral. En el caso de que te resulte difícil, puedes consultar con alguna persona de tu familia o del colegio.

Comprende, piensa…

1 RPPCS Imagina que no se permitiera a los hombres desempeñar algunas profesiones o fueran discriminados e inventa una razón para justificarlo.

2 Imagina que tienes que contratar a alguien para estos trabajos: bombero o bombera, policía, barrendera o barrendero, camarero o camarera, jefa o jefe de grupo. Explica si preferirías a un hombre o a una mujer en algún caso y di por qué.

3 Investigad sobre los logros de la mujer en nuestra sociedad desde el pasado siglo hasta la actualidad. Realizad una presentación para proyectarla en clase o bien un póster para decorarla.

1 2 3 4 **Paso 5**

Escribimos y representamos una obra de teatro sobre la discriminación.

Trabajos previos a la representación

Ahora que ya tenemos caracterizados a los personajes, seleccionada la situación que vamos a mostrar y escritas las dos escenas de la obra de teatro, ha llegado el momento de representarla.

Pero antes de la representación, tenemos que tomar algunas decisiones y repartirnos el trabajo que aún nos queda por realizar.

- Lectura compartida **Lectura de las obras:** cada grupo de trabajo ha escrito sus propias escenas; por eso, vamos a elegir la que más nos guste. Para ello, cada grupo leerá al resto de la clase su obra.
- Folio giratorio en grupos **Selección de la obra a representar:** una vez terminadas las lecturas, cada grupo valorará las propuestas del resto de los grupos y, al final, entre todos los grupos decidirán qué obra es la que se va a representar.
- **Preparación del guion de la representación:** cuando hayamos seleccionado la obra, el grupo que hubiera escrito el texto elegido se encargará de ensamblar las escenas y de preparar el texto final para la representación, con todas las acotaciones necesarias que deben acompañar a los diálogos para poder escenificar la obra.
- **Reparto de papeles:** para elegir a las actrices y a los actores que representarán los papeles de la obra, realizaremos, entre toda la clase, una audición y, mediante una votación, llevaremos a cabo la selección. Podría ser buena idea emplear para esta audición los breves monólogos que se escribieron para describir a los personajes tipo de la obra en el paso 1 del reto.

Representamos y valoramos la obra de teatro

Ya tenemos todo preparado para la representación y solo queda, después de algunos ensayos por parte de los actores y de las actrices, llevar la obra a escena.

Cuando haya concluido la representación, proponemos reflexionar en grupo sobre la realidad de la mujer en el mundo y, en particular, sobre las situaciones de discriminación a las que aún se ve sometida, incluso en los países en los que se reconoce la igualdad de derechos plena con los hombres.

- **Comprensión de la obra:** como colofón de la representación, se pondrán en común las ideas que nos ha sugerido la obra y se plantearán y se resolverán todas las preguntas que nos hayan surgido sobre la discriminación de la mujer en la sociedad actual.
- **Valoración final:** para completar el reto, cada estudiante seleccionará o elaborará un símbolo y una imagen que representen las emociones y los sentimientos que le han producido la obra de teatro y la situación de discriminación que en ella se muestra. Posteriormente, pondrá en común sus reflexiones con toda la clase.

Una vez representada la obra de teatro.

¡Somos más conscientes de las situaciones de discriminación!

Zona cívica

Biografías de andaluzas ilustres

La elaboración de una pequeña biografía exige la realización de diversas tareas. Por ello, es importante que trabajemos en equipo y que haya una buena coordinación para que los resultados sean positivos.

¿Qué tareas vas a hacer?

Una presentación de estas características debe incluir:

1. Fotos, dibujos o imágenes de la persona que vamos a estudiar, a ser posible tratando de mostrar distintas etapas de su vida.
2. Una síntesis de la vida en la etapa de infancia y de niñez del personaje elegido: lugar de nacimiento, familiares, colegio en el que estudió…
3. El análisis de la etapa en la que ese personaje comienza a destacar y a realizar labores que lo convertirán en ilustre: formación y estudios, trabajo, innovación, influencia en otras personas…
4. Un resumen final de los aspectos más destacados del personaje.

María Zambrano en su adolescencia.

¡Manos a la obra!

1. Organizados en grupos, nombrad una coordinadora o un coordinador que organice y distribuya las tareas.
2. Elegid una mujer andaluza que haya destacado o que destaque en campos como, por ejemplo, la ciencia, la literatura, las artes plásticas, la música, el deporte...
3. Distribuid las tareas y comenzad a preparar el trabajo como en el ejemplo siguiente. Presentadlo al resto de la clase.

Ejemplo

María Zambrano

Infancia

- María Zambrano nació en Vélez-Málaga, en 1904.
- A los cuatro años se fue a Madrid y, después, a Segovia, donde pasó su adolescencia.

Estudios

- En 1921 inició sus estudios de Filosofía en la Universidad Central de Madrid, con docentes como José Ortega y Gasset, Manuel García Morente y Xavier Zubiri.

Vida adulta

- Desde 1931 enseñó metafísica en la Universidad Central.
- Fue amiga de los miembros de la Generación del 27.
- Tras la Guerra Civil, se exilió. Vivió en México, Cuba, Puerto Rico, Italia, Francia, Suiza. Regresó a España en 1984.

Reconocimientos

- En 1981 se le concedió el Premio Príncipe de Asturias de Comunicación y Humanidades.
- En 1982 recibió el doctorado *honoris causa* por la Universidad de Málaga.
- En 1988 obtuvo el Premio Cervantes.

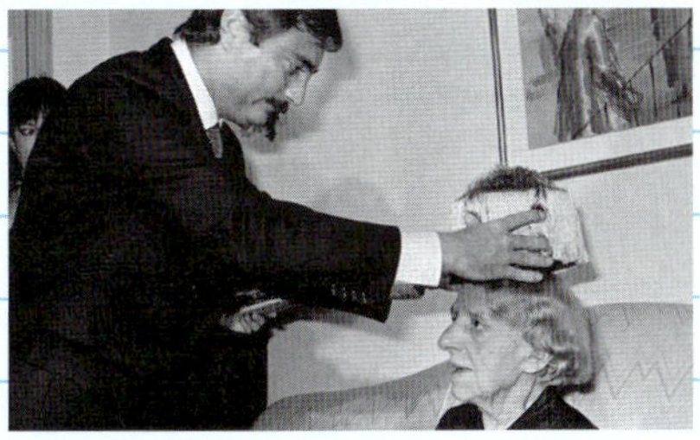

Cine con valores

Charlie y la fábrica de chocolate

Charlie y la fábrica de chocolate es un libro infantil escrito en 1964 por el autor británico Roald Dahl. Tim Burton lo llevó al cine en el año 2005, y la película fue protagonizada por Johnny Depp, Freddie Highmore y Helena Bonham Carter.

1. Mientras disfrutas de la película, observa sus aspectos emocionales. En ella podemos observar tres tipos de relaciones familiares muy diferentes que han marcado la autoestima de los personajes:

   - La del señor Wonka y su hijo, muy autoritaria.
   - La de los padres de los niños elegidos (Augustus, Veruca, Violet y Mike), excesivamente permisiva.
   - La de Charlie y sus familiares, basada en la afectividad.
   - Las dos primeras relaciones desembocan en una autoestima desajustada y, por tanto, negativa. Sin embargo, la de Charlie, basada en el cariño, desencadena una autoestima positiva y ajustada, a pesar de carecer de recursos materiales.

2. Una vez vista la película, analizamos los personajes fabricando un carné de identidad para cada uno. Para ello, debes completar las opciones del siguiente panel:

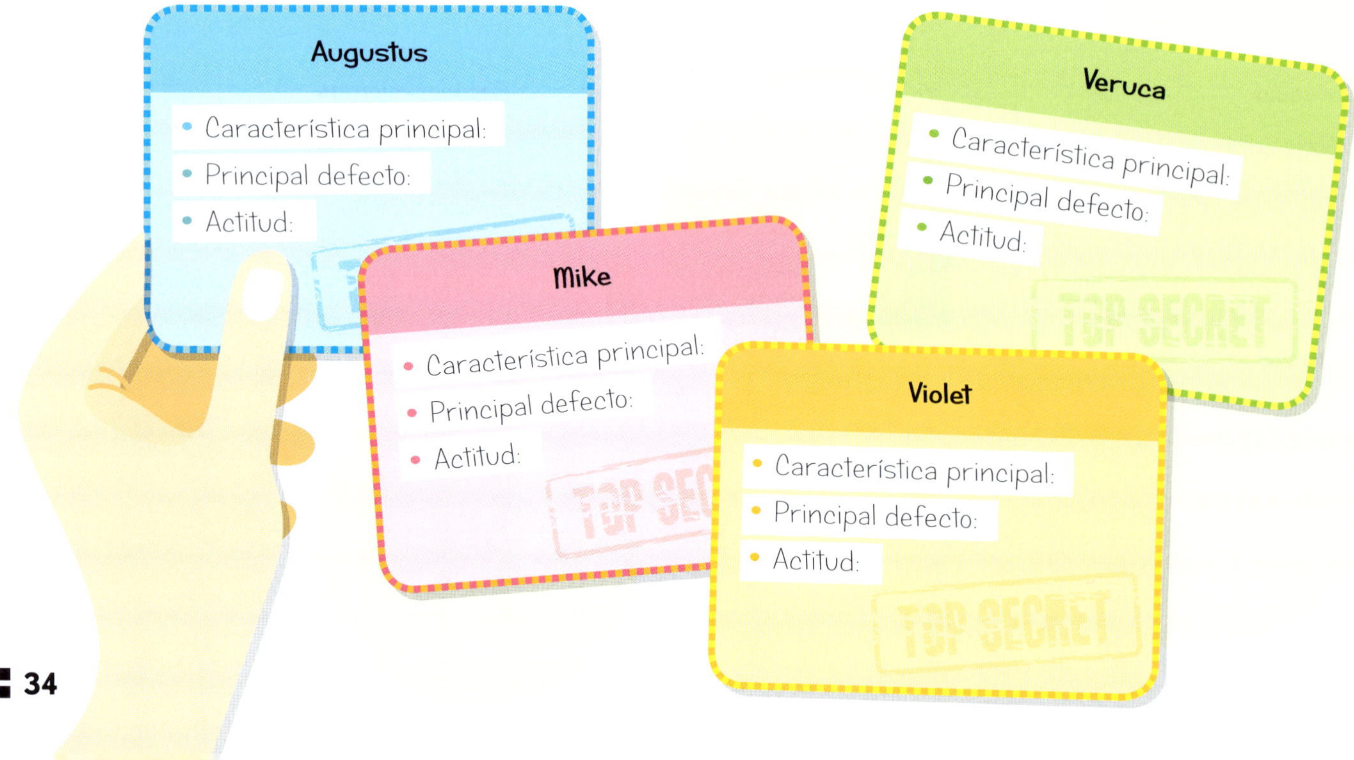

3 Ahora, diseñad el carné que le correspondería a Charlie, en el que se reflejen aquellos aspectos más destacables:

Charlie

- Cualidad destacable:
- Intereses:
- Relación con su familia:
- Actitud durante la visita:

TOP SECRET

4 Explica qué ocurre en cada una de las salas y piensa cuál es su moraleja.

SALA	MORALEJA
Campo hecho de golosinas, caramelos, ríos de chocolate.	
Sala de los inventos (chicle)	
Sala de selección de nueces	
Sala de la televisión	

Completa EN TU CUADERNO o en la versión imprimible

5 ¿Quién gana el premio? ¿Por qué?

Si queréis conocer la continuación de esta historia, la podéis leer en el libro de Roald Dahl *Charlie y el ascensor de cristal*.

Qué he aprendido

U·1 y U·2

Averigua la palabra misteriosa

Completa EN TU CUADERNO o en la versión imprimible

Copia en tu cuaderno la letra que hay al final de la opción que consideres correcta. Con la letra clave de cada afirmación, formarás una palabra relacionada con lo trabajado en este trimestre:

1 a) No podemos cambiar todas nuestras características personales. .... **A**

b) Sí podemos cambiar todas nuestras características personales. .... **O**

2 a) Debemos buscar la perfección. .... **L**

b) Debemos intentar mejorar cada día. .... **U**

3 a) No podemos controlar nuestras emociones. .... **M**

b) Sí podemos controlar nuestras emociones. .... **T**

4 a) La libertad es una herramienta clave en nuestras vidas si sabemos utilizarla bien. .... **O**

b) La libertad es una herramienta clave en nuestras vidas para poder hacer lo que queramos. .... **P**

5 a) La empatía es la capacidad de «ponerse en el lugar de otra persona». .... **E**

b) La empatía es la capacidad de estar alegre. .... **B**

6 a) En la comunicación no importan los gestos, sino solo las palabras. .... **D**

b) En la comunicación, los gestos son tan importantes como las palabras. .... **S**

7 a) Escuchar a otras personas es una muestra de interés y de respeto. .... **T**

b) Escuchamos a las demás personas para que nos den algo a cambio. .... **I**

8 a) Las personas de otros países tienen nuestra misma dignidad. .... **I**

b) Las personas de otros países no tienen nuestra misma dignidad. .... **J**

9 a) Las mujeres y los hombres no deben tener acceso a los mismos trabajos. .... **N**

b) Los hombres y las mujeres deben tener acceso a los mismos trabajos. .... **M**

10 a) Todavía queda camino por recorrer hacia la igualdad entre mujeres y hombres. .... **A**

b) La igualdad entre hombres y mujeres no es muy importante. .... **D**

anayaeducacion.es
Dispones de una versión imprimible de esta página en la «Autoevaluación» del banco de recursos.

Ejemplo de valores

La raíz del rosal

«Bajo la tierra viven los gusanos más oscuros, las raíces de las plantas y los hilos de agua subterráneos.

He aquí lo que hablaron cierto día, al encontrarse, un hilo de agua y una raíz de rosas:

—Vecina raíz, nunca vieron mis ojos nada tan feo como tú. Cualquiera diría que un mono plantó su larga cola en la tierra y se fue dejándola. Solo has aprendido a beberme mi leche azul. Cuando paso tocándote, me la reduces a la mitad. Feísima, dime, ¿qué haces con ella?

Y la raíz humilde respondió:

—El contacto largo con la tierra me ha hecho parda, y la labor excesiva me ha deformado, como deforma los brazos al obrero. Trabajo para la bella prolongación de mi cuerpo que mira al sol. Es a ella a quien envío la leche azul que te bebo; para mantenerla fresca. Hermano hilo de agua, un día llegarás hasta la flor y verás.

El hilo de agua esperó y al llegar la primavera vio en el sitio mismo en que la raíz se hundía una forma rosada, graciosa que engalanaba la tierra.

Y el arroyo se fue, meditando por la pradera en flor:

—¡Oh, Dios!, ¡cómo hay fealdades que son prolongaciones de belleza…!».

Gabriela Mistral *(adaptación)*.

Actividades

1. Explica el cuento con tus propias palabras.
2. Dibuja en tu cuaderno la rosa con sus raíces. Anota a su alrededor diferentes emociones que puede sentir una persona.
3. ¿Es justo juzgar a otras personas por su aspecto físico? ¿Por qué?
4. ¿Es verdad que, como la rosa, todas las personas poseemos características mejores y peores?

Cómo he aprendido

Descubro cómo aprendo

1 Copia esta tabla en tu cuaderno y señala en ella cuánto has aprendido en cada unidad.

¡Lo que sé!	Nada	Poco	Mucho
Conozco mis características personales.			
Valoro mis logros y mis dificultades.			
Mis sentimientos son importantes.			
Reconozco distintos sentimientos.			
Expreso mis emociones.			
Controlo mis emociones.			
Cada vez soy más independiente.			
Conozco la importancia de la autoestima.			
Empatizar me ayuda a relacionarme.			
Domino las habilidades comunicativas verbales y no verbales.			
Reconozco las emociones de otras personas.			
Evito menospreciar a otras personas.			
Respeto a otras personas.			
Escucho activamente.			
Rechazo la discriminación.			
Asumo la igualdad y valoro las diferencias entre niñas y niños.			
Rechazo los mensajes sexistas de los anuncios.			
Conozco la discriminación laboral y social que sufren las mujeres.			

Completa EN TU CUADERNO o en la versión imprimible

2 Utiliza pósits de diferentes colores para anotar todas las cuestiones que se plantean y haz un mural en una cartulina para colgarlo en el tablón de tu habitación.

	Unidad 1	Unidad 2
Vocabulario nuevo:		
Mi esquema:		
Páginas web en las que puedo ampliar mis conocimientos:		
Libros relacionados con la unidad:		
Noticias relativas a la unidad:		
Las personas que me pueden informar sobre esta unidad son:		
Mis dudas:		
Para mí, ha sido muy interesante:		
Para mí, es un poco difícil de entender:		
Antes no sabía que…:		

Completa EN TU CUADERNO o en la versión imprimible

PORTFOLIO 1

Recuerda seleccionar el material de trabajo de esta unidad para tu portfolio.

anayaeducacion.es
Dispones de una versión imprimible de esta página en el «Portfolio» del banco de recursos.

anayaeducacion.es
Descubre y comparte en familia.

3 Nos llevamos bien

Un gesto muy feo

Hoy estamos haciendo un trabajo por grupos en clase sobre la tolerancia, el respeto y la convivencia. Nuestra tutora quiere que pensemos sobre la vida en comunidad y en cómo evitar conflictos o resolverlos cuando surgen.

Con frecuencia hablamos de estas cosas en clase, pero ayer pasó algo muy feo en el patio. Niñas y niños de sexto se burlaron de Álex, uno de mis compañeros. Se metían con él porque lleva gafas y porque es de otro país. El pobre Álex se enfadó y estuvo a punto de pelearse; menos mal que una profesora llegó a tiempo para evitarlo.

La tutora habló con Álex de lo sucedido y luego nos dijo que no le había gustado nada algo que Álex le comentó: que había más estudiantes mirando lo que pasaba y, en vez de ayudarlo para que lo dejaran en paz, se reían de lo que decían.

Así que hoy vamos a reflexionar sobre lo que pasó en el patio, sobre qué podríamos haber hecho para evitarlo y sobre las normas de convivencia.

¿Convivimos cívicamente?

No es fácil convivir con otras personas, pues cada persona tiene sus propios intereses. Conseguir armonizarlos supone un esfuerzo para conocer las obligaciones y los derechos de cada cual. Cumplir nuestros deberes con inteligencia emocional nos ayudará a mejorar la convivencia.

Te proponemos un reto

¿Crees que serás capaz de respetar a las demás personas y mantener una actitud positiva para convivir amistosamente?

Para superar el reto... investigo y aprendo

- Los valores
- Convivir respetuosamente
- Somos dialogantes
- Mantenemos una actitud positiva

Para demostrar que lo he superado... rapeamos contra el acoso escolar

- Paso 1. Nos informamos sobre en qué consiste el acoso escolar.
- Paso 2. Identificamos las causas de la marginación en el colegio.
- Paso 3. Aprendemos a dialogar.
- Paso 4. Recurrimos a la mediación para resolver los conflictos.
- Paso 5. Escribimos y ponemos música a un rap contra el acoso escolar.

Los valores

Una sociedad democrática

Si viviéramos en solitario en una isla desierta, podríamos hacer lo que quisiéramos, aunque es verdad que algunas de las cosas que hiciéramos podrían perjudicarnos o perjudicar a otros seres vivos.

¿Imagináis que una persona perdida en una isla empezara a cortar todas las plantas y a quemarlas? Seguramente no tendría nada para comer al cabo de muy poco tiempo, pero no habría hecho daño a ninguna otra persona más que a sí misma.

Pero los seres humanos vivimos en sociedad, y además en una sociedad que opina que todas las personas somos iguales, que las decisiones más importantes debe tomarlas la ciudadanía.

Una sociedad democrática, igual que la nuestra, considera importantes algunos valores, como la libertad, la igualdad, la tolerancia, la paz, la justicia o la solidaridad. Vamos a analizar por qué.

La libertad

Es el fundamento del sistema democrático. Consiste en la capacidad de decir y de hacer lo que queramos; eso sí, sin perjudicar a las demás personas. Si no hay libertad de expresión, no puede haber democracia, pues no podemos decir lo que pensamos, y así es imposible el diálogo. Si no hay libertad de acción, de ir adonde queramos o de hacer lo que queramos, vivimos en una cárcel.

En un país democrático solo las leyes pueden limitar la libertad, pero no pueden prohibirla. Por ejemplo, robar es un delito porque así lo dice la ley. Pero no puede haber ninguna ley que impida la libertad de expresión o de que cada persona viva donde quiera. Y si ocurriera eso, ese país no sería democrático.

La igualdad

Todos los seres humanos tenemos dignidad y debemos respetarnos. También somos iguales, y esta igualdad tiene otras consecuencias.

Si tenemos los mismos derechos, los conflictos no se pueden resolver por la fuerza, sino que es necesario dialogar, hablar tranquilamente, escuchándonos mutuamente para resolver los conflictos. Tenemos que aprender a ser tolerantes con las demás personas.

Dialogando, con tolerancia, podemos lograr una convivencia pacífica.

También debemos ser iguales ante la ley. Podemos aspirar a que haya justicia y a que sean castigadas aquellas personas que incumplan la ley, sean quienes sean.

La solidaridad

Una sociedad no puede ser justa, tolerante y pacífica si permite que algunas personas sufran grandes necesidades.

Para que la igualdad de derechos tenga consecuencias reales, es necesario que no haya inaceptables diferencias económicas. No puede ser que mientras unas personas tiran comida, otras se mueran de hambre.

Una sociedad democrática moderna debe aspirar a que toda la ciudadanía tenga una vida digna. Por eso, es tan importante la solidaridad.

La solidaridad hace que las personas nos apoyemos unas a otras, procurando que quienes tienen más ayuden a quienes no tienen nada.

Comprende, piensa...

1. Busca información sobre una campaña solidaria ante una catástrofe, en España o en el extranjero.
2. Explica la relación entre la igualdad y los valores de las sociedades democráticas.
3. En grupos, buscad en medios de comunicación y contad en clase situaciones injustas que encontréis en las noticias. Organizad en clase una exposición y plantead soluciones.

Paso 1 2 3 4 5

Nos informamos sobre en qué consiste el acoso escolar.

Para luchar por la dignidad de las personas y contra una situación injusta, hemos de saber de qué se trata.

Por eso, buscaremos información acerca de en qué consiste el acoso escolar y sobre las personas que participan en él respondiendo a preguntas como las que proponemos a continuación:

- **Acosadora o acosador:** ¿quiénes suelen acosar a otras personas? ¿Cuáles suelen ser los motivos?
- **Víctima de acoso:** ¿quiénes suelen sufrir acoso? ¿Qué deben hacer para evitarlo o para terminar con él?
- **Espectadores o espectadoras:** ¿qué papel desempeñan en la situación? ¿Qué pueden hacer?

Convivimos respetuosamente

No podemos hacer lo que queramos

Como los seres humanos vivimos en sociedad, tenemos que saber relacionarnos de una manera que no sea perjudicial para nadie. Por eso, debemos aprender a convivir respetándonos. Eso se consigue de las maneras que señalamos a continuación.

Cumplimos las normas

Los grupos numerosos necesitan organizarse, establecer unas normas que sean iguales para todos sus componentes y que contribuyan a que podamos conseguir objetivos comunes. Esto sucede, por ejemplo, en la escuela. En ella aprendemos que hay cosas que debemos hacer, como ser puntuales, respetar los turnos de palabra, no levantarnos sin permiso o no tirar papeles en el suelo.

Si no lo hiciéramos así, sería imposible aprender todo lo que necesitamos saber para lograr una buena educación y que podamos contribuir a que la sociedad se beneficie de nuestra colaboración.

También en casa debemos respetar las normas, procurando evitar cargar de trabajo a los demás miembros de la familia, recogiendo lo que nos toca, no molestando a quienes están realizando tareas...

Y la convivencia con las demás personas no se da en lugares aislados unos de otros, sino que también tiene que haber comunicación entre las familias y el colegio, una relación que ha de contribuir a aclarar cuáles son los derechos y las obligaciones de cada persona.

De esa manera podemos lograr armonizar todos los intereses. Por ejemplo, en casa tenemos que hacer los deberes para poder avanzar correctamente en la escuela; y en la escuela debemos cumplir nuestras obligaciones y portarnos bien para evitar dar disgustos a nuestros familiares.

Rechazamos la marginación

Debemos tratarnos correctamente. Cada persona tiene derecho a no ser marginada por las demás, pero el ejercicio de ese derecho supone también que se asumen unas obligaciones.

Para empezar, no podemos marginar a otras personas; ni siquiera podemos consentir que eso ocurra. Si sabemos que hay alguna compañera o algún compañero con quien nadie quiere jugar o de quien se habla mal o a quien se amenaza..., tenemos la obligación de evitarlo. Si no somos capaces de hacerlo personalmente, entonces hemos de recurrir a las personas adultas que puedan ayudarnos.

Ayudamos y nos ayudan

Finalmente, no solo conviene que actuemos respetuosamente con las demás personas, sino también con los bienes y con los materiales comunes. Al fin y al cabo, no deja de ser una manera de convivir: son bienes que pertenecen a todo el mundo y de los que todas las personas se benefician.

El resultado de una convivencia positiva es el beneficio general. Cada persona ayuda a las demás. Así conseguimos que otras personas nos apoyen cuando lo necesitamos y también procuramos colaborar cuando hace falta con los compañeros y las compañeras, con familiares…

De esa manera alcanzaremos una sociedad mejor en la que seremos más felices.

Comprende, piensa…

1. Generar - clasificar - relacionar - desarrollar. Elabora un mapa conceptual en el que se recojan las normas más importantes que debes respetar en la escuela y en tu casa.
2. Sumamos. Debatimos en clase sobre la marginación.
3. Compartimos en clase nuestra opinión sobre los beneficios de la convivencia positiva y anotamos las razones por las que tenemos que respetar a las demás personas y los bienes comunes.

1 2 3 4 5 — Paso 2

Identificamos las causas de la marginación en el colegio.

Entre toda la clase, anotamos las causas por las cuales se suele marginar a algunos compañeros y a algunas compañeras. Para hacer la lista, conviene recordar lo que hemos hablado sobre la discriminación y las razones por las que se suele considerar inferiores a otras personas.

Somos dialogantes

Dialogamos

Los seres humanos tenemos un lenguaje tan rico y complejo que nos permite transmitir a otras personas nuestros sentimientos y nuestras ideas, aunque no siempre sabemos aprovechar esta maravillosa capacidad de comunicación.

Hay muchas maneras de hablar. Hay personas que gritan, que dan órdenes constantemente, que no escuchan... Para eso no vale la pena comunicarse.

La mayor riqueza la conseguimos cuando somos capaces de dialogar; es decir, de expresarnos de una forma respetuosa y de atender a lo que las demás personas nos dicen. Este es un modo de resolver los conflictos que evita soluciones violentas.

Comprendemos las necesidades ajenas

No se trata solo de hablar, sino también de escuchar, de fijarnos en lo que el resto de personas necesita. Si lo conseguimos, podremos ayudarlas, y esto contribuirá a que nos aprecien más, nos traten bien y nos ayuden cuando lo necesitemos.

Pero no solo tenemos que ser comprensivos con las demás personas por un interés egoísta, para conseguir una recompensa personal, sino porque así podremos ser más felices, tanto quien tiene dificultades como quien apoya a esa persona.

No descalificamos

También el lenguaje tiene usos perversos, como los insultos y las faltas de respeto. Debemos evitarlos. Si queremos que las demás personas nos traten correctamente, también hemos de corresponderlas.

Hablar mal de alguien provoca desconfianza. Si yo veo que alguien critica siempre a las personas ausentes, pensaré que también me ataca a mí cuando no estoy presente.

Aunque nos cueste relacionarnos con unas personas más que con otras, eso no significa que debamos criticarlas. Siempre nos ayudará ser tolerantes, porque así evitaremos mostrar nuestro aspecto más negativo y estaremos siempre más cerca de una solución positiva.

La crítica constructiva

El hecho de que no descalifiquemos a otras personas no significa que no podamos hacer críticas cuando alguien se confunde o hace algo mal, sino que hemos de procurar que sean críticas constructivas; es decir, que ayuden a esa persona a rectificar, a descubrir en qué se ha equivocado y cómo puede resolverlo.

En este sentido, lo mejor es que nuestras observaciones siempre vayan acompañadas de una propuesta alternativa mejor.

Hay personas que siempre descalifican a todo el mundo y nunca sugieren soluciones. Si queremos una sociedad mejor, no debemos actuar de esa manera.

El mayor beneficio del diálogo y de la crítica constructiva lo conseguimos cuando aprendemos a argumentar, a explicar las razones por las que una idea es mejor que otra. Si lo hacemos adecuadamente, hallaremos en común la solución más adecuada para cada problema.

1 2 3 Paso 4 5

Aprendemos a dialogar.

Anotamos en la pizarra las características que consideramos que debe tener el diálogo para que sea constructivo y podamos emplearlo para resolver los conflictos en el colegio. Además, escenificamos un conflicto y la forma de resolverlo de forma dialogada.

Comprende, piensa...

1 Describe cómo sería la convivencia en la escuela sin hablar ni dialogar. Explica la diferencia entre ambas situaciones.

2 Haz un dibujo o busca una imagen que represente el diálogo tolerante que te gustaría que todas las personas fuéramos capaces de mantener. Componed con ellas un mural.

3 Lluvia de ideas Dialogad en clase en torno a un problema que os preocupe y buscad una solución razonada.

Mantenemos una actitud positiva

Realismo

La vida está llena de problemas. Y también de soluciones. Nos rodean personas con las que competimos porque deseamos las mismas cosas, pero también compañeras y compañeros, amigos y amigas, maestras y maestros y familiares que nos ayudan.

Evidentemente, no podremos conseguir todo lo que queramos, pero sí muchos de los objetivos que nos propongamos si nos esforzamos lo suficiente.

Por lo tanto, conviene que seamos realistas, que procuremos reconocer las situaciones tal y como son, con sus ventajas y con sus inconvenientes. Cuando lo conseguimos, podemos disfrutar de las ventajas y evitar o reducir los inconvenientes.

Si hay problemas y no queremos verlos, no podremos afrontarlos ni resolverlos.

Optimismo

Sin embargo, ser realistas no significa que debamos caer en el pesimismo. Todo lo contrario. Es mejor ser optimista, pues las personas optimistas afrontan con más garantías los problemas.

El optimismo nos ayuda a buscar siempre los aspectos más positivos de cualquier situación, de manera que podemos disfrutar más de ellos y resolver las dificultades con nuestras mejores herramientas: la confianza, el esfuerzo, la generosidad e, incluso, la sonrisa.

Podemos resumir esta actitud de una manera muy sencilla: ¿prefieres estar rodeado de personas pesimistas u optimistas? Es preferible la compañía de personas que son capaces de reconocer sus capacidades y de emplearlas al máximo. Si formamos parte de ese grupo, nos beneficiaremos personalmente y ayudaremos a quienes nos rodean.

Aunque en la vida algunas cosas pueden no salir como queremos, nuestra obligación es esforzarnos en hacer siempre lo correcto, lo que más contribuya a mejorar la vida de las demás personas y la nuestra.

Asertividad

Esta actitud positiva también tiene aplicación en el caso de conflictos. Siempre hay personas pasivas que se someten a las demás, que evitan denunciar o rebelarse ante las injusticias. Y también hay otras que muestran un comportamiento agresivo, procurando imponerse por la fuerza, maltratando y marginando a otros individuos.

No tenemos por qué pertenecer a ninguno de esos dos grupos. Por el contrario, es muy importante que aprendamos a mantenernos firmes en nuestra postura cuando es justa.

También hemos de aceptar que debemos dialogar, escuchar los argumentos de las demás personas, porque podemos equivocarnos. Cuando eso sucede, basta con que cambiemos de opinión y pidamos disculpas si es preciso.

Ahora bien, si una persona está realizando alguna acción que perjudique a otras, debemos oponernos a ella con firmeza, recurriendo a quienes puedan ayudarnos para resolver el problema si los necesitamos.

Por ejemplo, si en el patio se produce una situación de acoso escolar, tenemos que hacer comprender a los acosadores o a las acosadoras que lo que hacen es injusto. Y si no son capaces de entenderlo mediante el diálogo y el razonamiento, recurrir a los maestros y a las maestras no es chivarse, sino defender a personas más débiles y ayudar a resolver pacíficamente los conflictos.

1 2 3 4 Paso 5

Recurrimos a la mediación para resolver los conflictos.

Identificamos a las personas a las que podemos recurrir para solucionar un caso de acoso escolar (equipo de mediación, familiares y docentes) y explicamos qué pueden hacer para librarnos de una situación de acoso escolar.

Comprende, piensa…

1 Distingue entre ser realista y ser optimista. ¿Se puede ser las dos cosas a la vez?

2 Pon ejemplos de actitudes pasivas, agresivas y asertivas.

3 Escribe un diálogo con una acosadora o un acosador para que desista de su actitud agresiva.

4 ¿Qué medidas tomarías para procurar que la gente tuviera un comportamiento más cívico?

Escribimos y ponemos música a un rap contra el acoso escolar.

Rapeamos contra el acoso escolar

Ahora que ya sabemos en qué consiste y cómo combatir el acoso escolar, vamos a escribir un rap en el que expresemos nuestras ideas y las emociones y los sentimientos que nos produce esta situación tan injusta.

En grupos, escribid las letras y componed la música. A continuación, vamos a organizar un concurso de rapeo para elegir la mejor propuesta:

- En la letra, hemos de recoger los cuatro aspectos sobre el acoso escolar en los que hemos trabajado: qué es y quiénes intervienen en el acoso escolar, por qué marginamos a algunas personas y cómo resolver los conflictos de forma dialogada y a través de la mediación.
- Otro asunto que se debería tratar en la letra son los sentimientos que sufre la persona que es objeto de acoso.
- Por último, componemos la música y ultimamos los detalles de la interpretación: quién cantará cada verso o cada estrofa, la coreografía, el vestuario, el escenario…

Concurso de rap

Cuando esté todo preparado, fijamos una fecha para el concurso y empezamos la actuación. Si os atrevéis, podéis terminar de forma individual improvisando alternativamente versos nuevos.

Zona cívica

Una campaña solidaria

La organización de una campaña solidaria exige la realización de una serie de tareas diversas que han de estar bien coordinadas. Para ello, debéis organizaros en equipo y distribuir las tareas de forma que el trabajo resulte eficaz.

Es importante que busquéis información sobre otras campañas solidarias para recoger ideas que os ayuden a diseñar la vuestra.

Tareas que debéis realizar

Para la organización de una campaña solidaria, necesitamos, ante todo, informar al público de su celebración. Eso lo conseguiremos con la elaboración de un cartel que la publicite, que deberá incluir la siguiente información:

1. Nombre de la campaña.
2. Lema de la campaña.
3. Fecha o fechas de celebración: un día concreto, días alternos…
4. Lugar y hora u horas de celebración.
5. Actividad que se propone: película solidaria, carrera solidaria, partido de fútbol solidario, recogida solidaria de diferentes productos…
6. Objetivos que se persiguen con la campaña: recogida de alimentos o de ropa, recaudación de dinero u otros bienes para ayudar a una persona, a un colectivo, al centro escolar…
7. Una ilustración llamativa que anime a participar.

¡Manos a la obra!

1. Organizaos en grupos según os indique la profesora o el profesor y nombrad un coordinador o una coordinadora que se encargue de organizar y de distribuir las tareas dentro del grupo.
2. Buscad información sobre otras campañas solidarias y elegid el objetivo de la vuestra. Diseñad y realizad un cartel informativo para presentar la campaña ante toda la clase.

Cine con valores

Wonder

Os proponemos el visionado de una película especial, amable y motivadora; donde, entre otras cosas, destacan valores como la tolerancia, la amistad y el respeto, trabajados durante este trimestre.

Wonder es una película del director Stephen Chbosky, basada en el libro de Raquel Jaramillo Palacio, *Wonder: La lección de August.*

1 Completa la siguiente tabla sobre los personajes de la película:

	Qué relación tiene con Auggie	**Cómo se porta con Auggie**
Isabel Pullman		
Nate Pullman		
Vía		
Jack Will		
Summer		
Julian		
Mr. Browne		

Completa EN TU CUADERNO o en la versión imprimible

2 Ordena las intervenciones de cada personaje en esta conversación que mantiene Auggie con su madre en un momento difícil. ¿Qué te parece la conversación? ¿Tiene razón la madre de Auggie? ¿Consigue consolar a su hijo?

Conversación entre Auggie y su madre

- Eso lo dices porque eres mi madre.
- Dicen que el aspecto no importa, pero sí importa. ¿Y siempre va a importar?
- Tú no eres feo Auggie.
- ¿Por qué tengo que ser tan feo?
- Como soy tu madre, es lo que más cuenta porque soy la que te conoce mejor.

3 Lee las siguientes expresiones y piensa en qué personaje de la película ha dicho cada una de ellas y explica por qué.

Personaje 1

- «Si te miran, deja que te miren, no puedes pasar desapercibido, naciste para destacar».

Personaje 2

- «¿Quién quiero ser, quién aspiro a ser? Esa es la pregunta que deberíamos hacernos todo el tiempo».

Personaje 3

- «Todo el mundo debería recibir una ovación al menos una vez en su vida; mis amigos seguro; mis profes también...».

4 Explica oralmente a tus compañeras y compañeros: «¿te identificas con algún personaje?».

5 En la película, el profesor Browne habla de la importancia de los preceptos. Explica que son como lemas, reglas muy valiosas que nos ayudan a motivarnos, a guiarnos. El que lee Summer dice: «Cuando puedas elegir entre tener razón y ser amable, elige ser amable».

Ahora piensa tú en una frase motivadora que refleje la importancia del respeto y de la tolerancia. A continuación, haz una plantilla similar a la del dibujo de al lado, escribe tu precepto y cuélgalo en el pomo de tu habitación. Puedes hacer uno diferente cada mes.

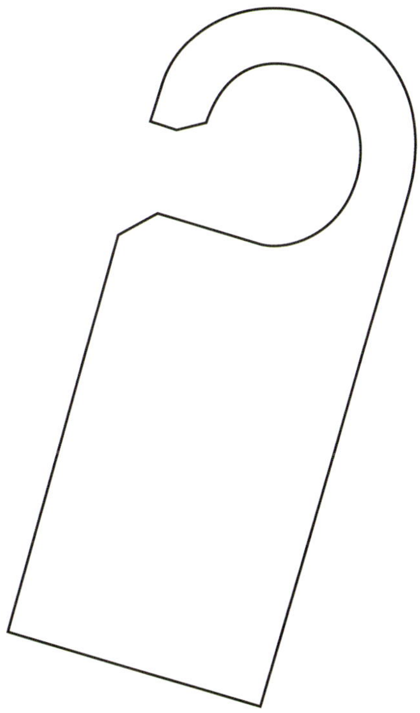

6 Escribe tu nombre en un pequeño trozo de papel, recórtalo y ponlo junto a los del resto de tus compañeros y compañeras. Mezclad los nombres y repartidlos al azar, uno a cada alumna y alumno. A continuación, anota en un papel los rasgos positivos más destacados de la persona que te ha tocado y léelo al resto de la clase sin decir el nombre para que adivinen de quién se trata.

Una vez leídas todas las descripciones, reflexionad sobre si es importante el aspecto de las personas para ser apreciadas y admiradas.

7 Rompecabezas Investigad sobre la enfermedad que padece el protagonista de la película: el síndrome de Treacher Collins. Averiguad sus causas, la población afectada, sus características, sus consecuencias psicológicas y su tratamiento.

4 Derechos y deberes

Debemos tomar conciencia

En nuestro colegio hacemos muchas actividades extraescolares. Las profesoras y los profesores siempre están buscando algún lugar interesante al que no hayamos ido antes. No todas las actividades me gustan lo mismo, pero está muy bien ir de excursión, ver una obra de teatro o hacer prácticas de educación vial.

Ayer, por ejemplo, vinieron a visitarnos a clase un chico y una chica que colaboran con una ONG y nos hablaron de las dificilísimas situaciones en las que tienen que vivir muchas personas en el mundo, especialmente las niñas y los niños. Estuvimos hablando de los derechos humanos, sobre todo de los derechos de la infancia, y de lo poco que se respetan en algunos lugares.

La ONG que nos visitó se va a encargar de organizar una carrera solidaria para recaudar fondos y concienciar a la gente de la importancia de proteger los derechos de las personas, en especial los de los niños y las niñas. Nos han invitado a participar y, por lo que parece, va a apuntarse casi toda la clase.

¿Se respetan nuestros derechos, cumplimos nuestros deberes?

Tenemos la suerte de que en la comunidad internacional, y en nuestro país en particular, se respeten unos derechos básicos para todas las personas, además de algunos especiales para la infancia, pero también hemos de cumplir unos deberes.

Te proponemos un reto

¿Crees que conoces tus derechos y tus deberes y que sabes cómo defenderlos?

Para superar el reto... investigo y aprendo

- Podemos participar
- Tenemos derechos
- Tenemos deberes
- Somos responsables

Para demostrar que lo he superado... elaboramos una declaración

- Paso 1. Organizamos un congreso sobre los derechos y los deberes del alumnado.
- Paso 2. Defendemos nuestros derechos.
- Paso 3. Reconocemos nuestros deberes.
- Paso 4. Asumimos nuestra responsabilidad.
- Paso 5. Celebramos el congreso sobre los derechos y los deberes del alumnado y emitimos una declaración.

Podemos participar

Democracia

Vivimos en una sociedad en la que tenemos la suerte de poder opinar libremente. En muchas ocasiones, además, esa opinión puede influir en decisiones que nos afectan.

Esto no siempre ha sido así. Es inimaginable que las esclavas y los esclavos en Grecia y en Roma pudieran ir a la escuela, publicar sus opiniones como se hace en los periódicos actuales y, mucho menos, votar qué gobernantes querían que fuesen sus representantes.

La democracia de nuestra sociedad se refleja en comportamientos cotidianos. Todas las personas procuran escuchar a las demás y tener en cuenta sus ideas.

La participación ciudadana

En una casa, los vecinos y las vecinas organizan reuniones para opinar y decidir qué reformas conviene hacer en los edificios; en los barrios, hay organizaciones que procuran buscar acuerdos para defender los intereses vecinales; en los ayuntamientos, hay concejales que, como representantes de la ciudadanía, se preocupan por atender a sus necesidades...

Casi nada de lo que se hace en nuestra comunidad y en nuestro país sería posible si no se contara con la participación ciudadana, una participación que no se limita a obedecer ciegamente, sino que incluye los derechos a opinar y a votar.

Participar en el aula

Incluso las alumnas y los alumnos podemos ejercer esos derechos. También podemos opinar sobre asuntos que nos interesan. A veces nos preguntan acerca de excursiones y de visitas, sobre cómo resolver algún conflicto, sobre qué fechas o qué momentos son más adecuados para unas actividades u otras...

Procuramos repartir las tareas de modo que aprendamos a tener responsabilidades y podamos realizarlas eficaz y satisfactoriamente. En algunos casos, de manera rotativa, haciéndolas una persona cada día o cada semana; en otros, elegimos representantes, como pueden ser los delegados y las delegadas de clase.

Representantes de clase

Lo más frecuente es que en cada clase se pueda votar a sus representantes. Su función es la de ayudar tanto a sus compañeras y compañeros como al profesorado, dado que pueden expresar la opinión de los alumnos y las alumnas o también ejercer de colaboradores de las maestras y los maestros para cuidar u organizar en algunos casos el trabajo que se realiza en clase.

La función del delegado o de la delegada de clase supone una gran responsabilidad, porque cuando la está realizando ha de intentar expresar los puntos de vista de otras personas. Por ejemplo, si la mayoría de la clase tiene una opinión diferente de la suya, es posible que tenga que defenderla, puesto que su cargo lo ejerce como representante de sus compañeras y compañeros. También puede ocurrir que deba comunicar a los alumnos y a las alumnas algunas decisiones del profesorado.

En todas las situaciones, debemos procurar el beneficio común, colaborando y repartiéndonos las tareas en el aula del modo que resulte más eficaz.

Paso 1 2 3 4 5

Organizamos un congreso sobre los derechos y los deberes del alumnado.

Vamos a colaborar con el Plan de Convivencia de nuestro colegio elaborando una «Declaración de derechos y de deberes». Para ello, organizaremos un congreso en el que se debatan los diferentes artículos que se propongan desde las distintas «delegaciones». Por eso, nos dividiremos en grupos, cada uno con su portavoz. Se establecerá el calendario y el turno de presentación de propuestas, de debate y de redacción final de la declaración.

Comprende, piensa...

1 Organizad un juego de rol basado en una época antigua, como pueden ser el antiguo Egipto o la Edad Media. Alguien debe ejercer la jefatura sobre el resto de la clase (reina o rey), que ha de obedecer sus órdenes.

2 Convocad en clase una asamblea para reflexionar sobre cómo creéis que se puede mejorar la marcha del curso.

3 Investigad en qué consiste la mentoría y cuál es la labor de las mentoras y los mentores.

Tenemos derechos

Derechos universales

La participación es un derecho que se ha impuesto recientemente en la historia de la humanidad. A mediados del siglo xx fue posible que representantes de la mayoría de los países se reunieran en la ONU y elaboraran una lista de derechos que tiene todo ser humano en cualquier momento y en cualquier lugar. Por eso, podemos decir que son «universales».

El intento de que estos derechos formen parte de las leyes que regulan la vida en los países en la actualidad es uno de los grandes logros de la humanidad.

Derechos humanos

La lista de derechos humanos es bastante amplia, pero podemos destacar al menos tres grupos muy importantes:

a) El derecho a la vida: supone también que podamos disponer de una alimentación y de una sanidad que nos ayude a conservarla, además de un sistema que nos proporcione seguridad, protegiéndonos de posibles amenazas.

b) El derecho a la libertad: no solo significa la prohibición de la esclavitud y de que se encarcele caprichosamente a las personas, sino también que podamos viajar tranquilamente, que podamos escoger cuándo y con quién casarnos, qué religión practicamos, qué opinamos y decimos...

c) El derecho a la igualdad: implica que nadie puede ser objeto de discriminación, que la ley debe ser igual para todas las personas, que hemos de tener la misma posibilidad de trabajar con sueldos justos...

Derechos de la infancia

Además de los derechos que se aplican a toda la humanidad, a los niños y a las niñas les corresponden de manera especial los siguientes:

a) El derecho a una educación básica gratuita, que es necesaria para mejorar personalmente y para trabajar en la edad adulta.

b) El derecho a la comprensión, a formar parte de una familia y de una sociedad en la que se nos aprecie.

c) El derecho a la protección, para evitar que se produzcan abusos, como la obligación de trabajar y de realizar tareas que no son adecuadas a la edad.

El respeto a los derechos

Desgraciadamente, aunque casi todos los países han firmado una declaración que recoge los derechos que estamos comentando, en muchos lugares y en muchas ocasiones no se respetan como se deberían respetar estos derechos. Este incumplimiento es una gran desgracia para muchos seres humanos, y todas las personas tenemos la obligación de intentar conseguir una sociedad mejor en la que tengamos la oportunidad de disfrutar de una vida digna.

No podemos renunciar a esa aspiración, porque en el mundo no habrá justicia mientras se aplique solo a algunas personas. Reconocer y asumir la igualdad significa que debemos apoyarnos para conseguir que vivamos en una sociedad libre e igualitaria.

1 2 Paso 3 4 5

Defendemos nuestros derechos.

Cada delegación se reúne y elabora una lista con los derechos que todo el alumnado debe tener en el centro escolar. Esta lista se redacta en una cartulina y se presenta ante el resto de la clase argumentado por qué se ha establecido cada uno de esos derechos. Las cartulinas quedan expuestas en el aula hasta la celebración del congreso.

Comprende, piensa...

1 Buscad algún vídeo en el que se presente la situación actual de los niños y de las niñas en otros países. Visionadlo y comparad su situación con la vuestra.

2 Rompecabezas En grupo, elegid un país y haced un análisis crítico del cumplimiento de los derechos humanos en él.

3 Investigad qué es la Declaración Universal de los Derechos Humanos, quiénes la aprobaron y cuándo y cómo se llegó a su aprobación.

4 Aporta argumentos a favor de los derechos humanos. Compartidlos en clase y haced una lista de las principales razones por las que los derechos humanos deben respetarse en todo el mundo.

Tenemos deberes

No hay derechos sin deberes

Es muy fácil reclamar derechos diciendo que nos merecemos tal o cual cosa. Pero debemos darnos cuenta de que esa exigencia también significa que tenemos que cumplir unas obligaciones.

Si yo quiero que las demás personas me respeten, debo respetarlas a ellas. Si deseo poder pensar y opinar con libertad, también tengo que escuchar lo que otras personas quieren decir...

La lucha por los derechos

La proclamación de los derechos es el resultado de una larga lucha, durante muchos siglos y de muchas personas para conseguir su reconocimiento y para permitirnos oportunidades en un mundo mejor.

En sociedades anteriores, no se creía que todos los seres humanos fueran iguales. En muchos casos, ni siquiera se valoraban los derechos a la libertad o a la vida. Hubo épocas en que la esclavitud transformaba a los seres humanos en cosas, que se podían comprar y vender.

Y, en cuanto a la igualdad, los sistemas más tradicionales distinguían estamentos y castas; es decir, grupos de personas que disfrutaban de privilegios que otros grupos no tenían simplemente porque habían nacido en familias distintas.

La educación obligatoria

Entre los derechos reconocidos en la Declaración Universal de los Derechos Humanos y en la Convención sobre los Derechos del Niño está el de estudiar.

En países como el nuestro, se ha conseguido que este derecho esté garantizado para todas las niñas y todos los niños, por lo que pueden acceder a una educación básica gratuita que les hará más capaces y libres.

Además, en nuestro país esa educación es obligatoria hasta los dieciséis años. Con ello se evita que se pueda obligar a trabajar a los niños y a las niñas durante su minoría de edad (tal y como ocurre en algunos países) y que se les someta a explotación laboral infantil; es decir, a tener que esforzarse físicamente durante muchas horas a cambio de casi ningún beneficio y teniendo que renunciar a una formación que les permitiría conseguir una profesión mejor.

El deber de estudiar

El hecho de que los niños y las niñas no tengan la obligación de trabajar, que tengan derecho a una educación que les convierta en profesionales con la formación y con la preparación intelectual necesarias para defenderse de quienes quieran abusar de su ignorancia, es un gran logro de nuestra sociedad.

Hace falta un esfuerzo muy grande para construir las escuelas, los colegios y los institutos, para mantenerlos y para pagar a las personas que trabajan en ellos.

Las alumnas y los alumnos deben corresponder a ese esfuerzo cumpliendo con su obligación de estudiar, de sacar el máximo rendimiento posible de ese período de su vida. Esta actitud les permitirá beneficiarse personalmente en el futuro, pero también devolver a la sociedad lo que ella ha hecho para procurarles un futuro mejor.

Comprende, piensa...

1 Debatid en clase sobre si la educación es un derecho, un deber o las dos cosas.

2 Ridículo Imagina un mundo en el que se pretendiera tener derechos sin ninguna obligación ni deber. ¿Cómo sería?

3 Cread una *webquest* sobre derechos y deberes.

4 En ocasiones, los derechos no se cumplen. ¿Quién debería encargarse de que esos derechos se respeten?

1 2 3 Paso 4 5

Reconocemos nuestros deberes.

Se reúnen las delegaciones para analizar cuáles serían, según su criterio, las obligaciones del alumnado en el centro escolar y se defienden con argumentos las distintas listas redactadas. Nuevamente se elabora una cartulina por cada delegación con la lista de obligaciones acordadas que quedarán expuestas en el aula.

Somos responsables

Somos libres

Los seres humanos, a diferencia de los minerales, de los vegetales e incluso de los animales, somos libres, en el sentido de que somos capaces de escoger lo que nos gustaría conseguir y cómo vamos a comportarnos.

No actuamos con la única guía del instinto, sino también de la voluntad, de nuestra capacidad de pensar, de preferir y de decidir lo que hacer.

Claro que no siempre tenemos tanta libertad como nos gustaría, pero eso no significa que no podamos elegir. Es más, nos pasamos la vida tomando decisiones.

Somos responsables

Cuando hacemos algo porque lo hemos escogido, debemos asumir la responsabilidad de nuestra decisión, tenemos que ser capaces de responder de nuestros actos.

Si nos hemos equivocado y hemos perjudicado a alguien, es bueno que nos disculpemos y que tratemos de reparar el daño producido. Haciéndolo, no solo ayudaremos a las demás personas, sino que nos sentiremos mejor y contribuiremos a conseguir un futuro más feliz para todo el mundo.

Asumimos responsabilidades

Vivir en sociedad tiene muchas ventajas, pues disfrutamos de unas condiciones que nos permiten alcanzar logros que no conseguiríamos si tuviéramos que sobrevivir aislados en la naturaleza. Gracias a la sociedad nos beneficiamos de la colaboración y de los éxitos sociales.

Pero también tenemos la obligación de corresponder, realizando las tareas que se nos encomiendan: quien gobierna debe organizar la sociedad de un modo beneficioso para toda la ciudadanía; las maestras y los maestros han de esforzarse por enseñar lo mejor que puedan; quienes se dedican a la limpieza han de procurar una higiene óptima; la policía tiene que proteger a la ciudadanía... Y los niños y las niñas, ¿no tienen ninguna responsabilidad?

La responsabilidad de niñas y niños

Los derechos suponen deberes; por eso, si queremos exigir a las demás personas que realicen bien su trabajo, tenemos que cumplir nuestras obligaciones con la misma eficacia: si queremos que nos curen una enfermedad, debemos ser pacientes excelentes; si deseamos que nos enseñen muchas cosas, hemos de comportarnos correctamente en clase; si pretendemos que nuestros familiares nos cuiden bien, tenemos que quererlos y respetarlos...

Hemos de realizar bien nuestras tareas, porque nadie puede decir que no tiene responsabilidades: en cada uno de los papeles que desempeñamos podemos hacerlo mejor o peor, como hijos o hijas, como hermanas o hermanos, como alumnas o alumnos, como amigos o amigas...

Si viviéramos en soledad, quizá podría dar igual que no nos esforzáramos por algo, pero vivimos con más seres humanos y a ellos les afectan nuestras acciones. Por eso, tenemos la obligación de comportarnos lo mejor posible.

1 2 3 Paso 4 5

Asumimos nuestra responsabilidad.

En cada delegación, debatimos sobre lo que significa ser responsable y sobre los límites que deben establecerse a las sanciones y a los premios que recibimos por nuestros actos. Reflexionamos sobre cómo sancionaríamos al alumnado que no cumpla con sus obligaciones o que no respete los derechos de las demás personas. También analizamos cómo reconoceríamos el esfuerzo de quienes actúan de manera ejemplar.

Comprende, piensa...

1 Hay organizaciones que fomentan el beneficio social. Investiga en Internet sobre alguna de ellas y averigua si desarrollan alguna actividad en tu entorno. Haz una presentación digital en clase.

2 Folio giratorio ¿Crees que las plantas y los animales son responsables? Argumenta tu respuesta.

3 Debatimos en clase sobre nuestras responsabilidades: tratamos de concretar cuáles son nuestras obligaciones como hijas o hijos, como estudiantes y como amigos o amigas, los tres principales papeles que representamos a nuestra edad en la sociedad.

Paso 1 2 3 4 5

Celebramos el congreso sobre los derechos y los deberes del alumnado y emitimos una declaración.

Distribuimos el espacio del aula y constituimos la mesa de portavoces

Antes de comenzar el debate sobre las distintas propuestas para el Plan de Convivencia del centro, distribuimos las delegaciones en diferentes lugares del aula y constituimos la mesa con cada portavoz de las delegaciones. La profesora o el profesor se sentará en el centro de la mesa y ejercerá las funciones de presidencia y de moderación del debate.

- **Acordamos los derechos:** cada delegación expone su propuesta de derechos y se inicia un debate para elegir los derechos que han de integrar la declaración final del congreso.
- **Concretamos los deberes:** de la misma forma, se establecen los deberes del alumnado.
- **Código de sanciones y de premios:** la presidencia del congreso propondrá que se establezca un código de sanciones para aquellas personas que incumplan con las obligaciones formuladas en la declaración o que no respeten los derechos del resto del alumnado. También se sugerirá un sistema de premios para quienes destaquen por su buen comportamiento.

Elaboración de un tríptico y de un póster

Diseñaremos un tríptico y un póster en los que quede recogida la declaración de derechos y de deberes del alumnado. El tríptico será firmado por las delegaciones que han participado en el congreso como compromiso de su cumplimiento y el póster se expondrá en los pasillos del colegio.

Espacio de reflexión

Debemos poner en común lo que hemos aprendido sobre los derechos, los deberes y la responsabilidad, y sobre cómo puede orientarnos en nuestras vidas. Para finalizar, cada estudiante anotará en su cuaderno sus conclusiones.

Zona cívica

Debemos y podemos

Hemos visto que en la ONU se redactó y se aprobó la Declaración Universal de los Derechos Humanos y conocemos también la Convención sobre los Derechos del Niño. Pero muchas veces se nos olvida que igualmente tenemos deberes y que cuando no los cumplimos estamos limitando los derechos de otras personas.

Nuestro trabajo será elaborar un cartel con unos deberes muy básicos que hemos de cumplir para no limitar los derechos de nadie.

Para ello, debéis organizaros en equipos y distribuir las tareas de forma que el trabajo resulte eficaz. Es importante que generéis un debate en el grupo, pues tenéis que estar de acuerdo en la elección de los deberes más importantes.

Tareas que debéis realizar

Antes de diseñar el cartel, llevad a cabo una lluvia de ideas, debatid y decidid entre todos los componentes del grupo cuáles son los deberes más importantes y razonadlo. Haced unas pruebas antes de iniciar el cartel, que debe incluir:

1. Un título para el cartel.
2. Cuatro deberes que todas las personas han de cumplir en los siguientes lugares: la casa, el colegio, el parque y la calle.
3. La razón por la que tenemos que cumplirlos o las posibles consecuencias de no hacerlo.
4. Ilustraciones para cada uno de los deberes.

Ejemplo

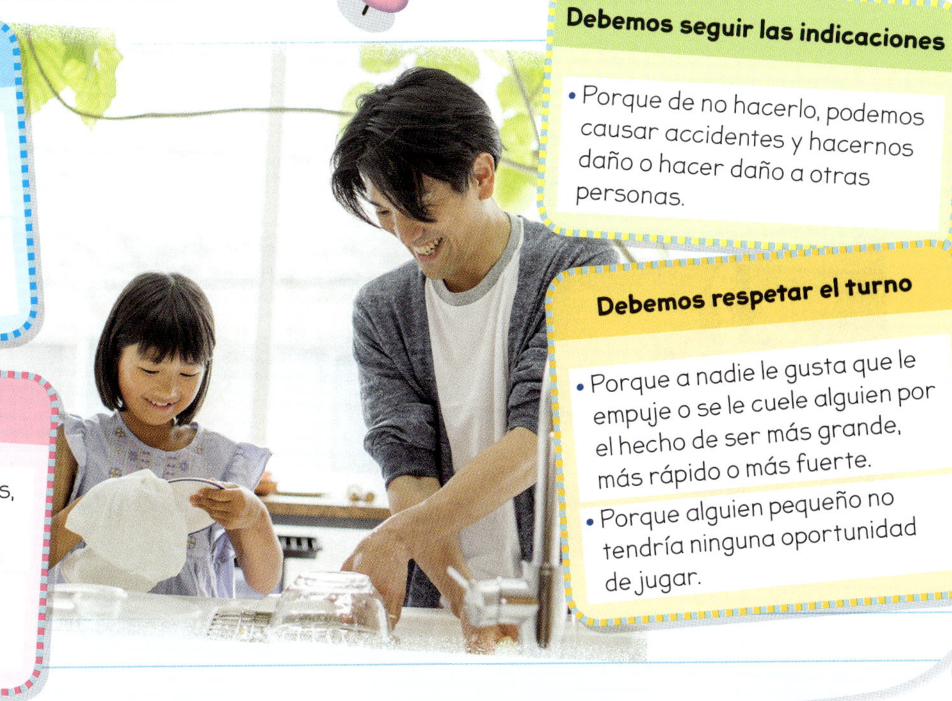

Debemos mantener la limpieza

- Porque a nadie le gusta encontrar los desperdicios de otras personas.
- Porque hay bebés, que pueden enfermar llevándose a la boca basura.

Debemos cuidar las cosas

- Porque si rompemos los juegos, otras personas no podrán jugar: el parque no es nuestro.
- Porque lo que rompe una pesona también lo pagamos entre todas las demás.

Debemos seguir las indicaciones

- Porque de no hacerlo, podemos causar accidentes y hacernos daño o hacer daño a otras personas.

Debemos respetar el turno

- Porque a nadie le gusta que le empuje o se le cuele alguien por el hecho de ser más grande, más rápido o más fuerte.
- Porque alguien pequeño no tendría ninguna oportunidad de jugar.

Cine con valores

Un puente hacia Terabithia

Es una película de fantasía basada en un libro de Katherine Paterson que lleva el mismo título. Fue dirigida por Gábor Csupó y se estrenó en 2007. Cuenta una historia de amistad entre Jess y Leslie, que crean un reino mágico imaginario llamado Terabithia gracias al cual son capaces de enfrentarse a los problemas de su vida real.

1 Reflexionad en grupo contestando a las siguientes preguntas sobre cada personaje en cada una de las opciones del panel:

Jess

- ¿Qué relación mantiene con sus familiares?
- ¿Cómo lo tratan las compañeras y los compañeros del colegio? ¿Cómo maneja esa situación?
- ¿Por qué le gusta estar con Leslie? ¿Qué le hace sentir bien?
- ¿Cuál es su actitud? ¿Se comunica de forma pasiva o asertiva?
- ¿Cómo afronta el acontecimiento final de la película?
- Lo que más me ha gustado de este personaje es...

Leslie

- ¿Qué relación mantiene con sus familiares?
- ¿Cómo la tratan los compañeros y las compañeras del colegio? ¿Cómo maneja esa situación?
- ¿Por qué le gusta estar con Jess? ¿Qué le hace sentir bien?
- ¿Cuál es su actitud? ¿Se comunica de forma pasiva o asertiva?
- ¿Cuál crees que es su principal virtud?
- Lo que más me ha gustado de este personaje es...

2 ¿Qué sentimientos provocan en Jess estos personajes?

La profesora de música

Janice

La hermana pequeña

3 A la hora de afrontar los conflictos, la mejor estrategia es reconocer las emociones que experimentamos ante ellos. Ordena las sílabas de estos sustantivos que nos ayudan a identificar nuestros sentimientos:

ZAGANVEN
MISMOPESI
VIOSISMONER

SIÓNPREDE
LOSCE
BIDADLIPACUL

VIENDIA
VIDADSIGREA
TEZATRIS

4 Analizad los sentimientos que se desencadenan en las siguientes situaciones y cómo reacciona el personaje:

- La atención de la profesora de música.
- Jess ha perdido las llaves de su padre.
- La provocación de Scott con su detector de «pringados».
- Jess se entera de lo que le ha ocurrido a Leslie (primera y segunda reacción).

5 Asocia una de las siguientes etiquetas a cada uno de estos personajes: Jess, Leslie, Janice, Scott, Gary.

No mostrar opiniones ni sentimientos, no valorarse.

Autoconfianza, respetar a las demás personas y usar la imaginación y el humor.

Despreciar, marginar y humillar a las demás personas.

6 ¿Qué te ha parecido la película? ¿Qué has aprendido?

Qué he aprendido

Averigua la palabra misteriosa

Completa EN TU CUADERNO o en la versión imprimible

Copia en tu cuaderno la letra que hay al final de la opción que consideres correcta. Con la letra clave de cada afirmación, formarás una palabra relacionada con lo trabajado en este trimestre:

1 a) Unas personas tienen más dignidad que otras. .... **B**

b) Todas las personas tenemos dignidad. .... **A**

2 a) El diálogo y la tolerancia fomentan la paz. .... **S**

b) El diálogo solo sirve para perder el tiempo. .... **U**

3 a) Las normas no sirven para convivir en la escuela. .... **M**

b) Las normas sirven para convivir en cualquier lugar. .... **E**

4 a) Una sociedad democrática moderna debe aspirar a que toda la ciudadanía tenga una vida digna. .... **R**

b) Una sociedad democrática moderna debe aspirar a que toda la ciudadanía consiga hacerse muy rica. .... **P**

5 a) Los derechos humanos han sido redactados por la ONU. .... **T**

b) Los derechos humanos han sido redactados por el Congreso de los Diputados. .... **B**

6 a) El derecho a la igualdad supone que las personas tenemos que parecernos. .... **D**

b) El derecho a la igualdad supone que nadie puede padecer discriminación. .... **I**

7 a) La función de cualquier representante es expresar puntos de vista ajenos. .... **V**

b) La función de cualquier representante es decir a las personas qué deben hacer. .... **I**

8 a) El derecho a una educación gratuita es necesario para educarnos y trabajar en el futuro. .... **I**

b) Sin educación nos lo pasaríamos mejor y tendríamos un futuro más próspero. .... **J**

9 a) Si quiero que las otras personas me respeten, deben hacer lo que yo quiera. .... **N**

b) Si quiero que las otras personas me respeten, debo respetarlas a ellas. .... **D**

10 a) Todos los derechos suponen deberes. .... **A**

b) Todos los derechos suponen privilegios. .... **D**

11 a) Cuando hacemos algo porque lo hemos escogido, debemos asumir la responsabilidad de nuestra decisión. .... **D**

b) Si hacemos algo, no importan las consecuencias. .... **Z**

anayaeducacion.es
Dispones de una versión imprimible de esta página en la «Autoevaluación» del banco de recursos.

Ejemplo de valores

Discurso de Malala Yousafzai en la recepción del Premio Nobel de la Paz del año 2014

Vivimos en la era moderna y creemos que nada es imposible. Hemos llegado a la Luna hace 45 años y tal vez pronto aterrizaremos en Marte. Por eso, en este siglo XXI, debemos ser capaces de ofrecer a todos los niños una educación de calidad.

Queridos hermanos y hermanas, queridos compañeros, debemos trabajar…, no esperar. No solo los políticos y los líderes mundiales, todos tenemos que contribuir. Yo. Tú. Nosotros. Es nuestro deber.

Seamos la primera generación que decida ser la última que ve aulas vacías, infancias perdidas y potenciales desperdiciados.

Que esta sea la última vez que una niña o un niño pasan su infancia en una fábrica.

Que esta sea la última vez que una niña se ve obligada a contraer matrimonio infantil temprano.

Que esta sea la última vez que un niño pierde la vida en la guerra.

Que esta sea la última vez que veamos a un niño fuera de la escuela.

Que esto termine con nosotros.

Comencemos este final…, juntos…, hoy…, aquí mismo, ahora mismo. Comencemos este final ahora.

www.nobelprize.org *(traducción del fragmento final)*.

Malala pronunciando su discurso de recepción del Premio Nobel de la Paz del año 2014.

Actividades

1 Averiguad por qué motivos concedieron a la niña Malala Yousafzai el premio Nobel de la Paz en el año 2014.

2 Debatid en clase sobre los derechos humanos sin los cuales es imposible llevar una vida digna. Acordad una lista por orden de importancia.

3 ¿Tienen algo en común los derechos de esa lista?

4 Buscad información en la página web de la ONU o en otras fuentes sobre los países en los que menos se cumplen los derechos humanos. En clase, tratad de encontrar algunas razones comunes que lo expliquen.

Cómo he aprendido

Descubro cómo aprendo

1 Copia esta tabla en tu cuaderno y señala en ella cuánto has aprendido en cada unidad.

¡Lo que sé!	Nada	Poco	Mucho
Respeto los valores democráticos.			
Soy una persona solidaria.			
Entiendo la importancia del diálogo.			
No margino y no critico.			
Mantengo una actitud positiva.			
Respeto las normas de convivencia.			
Cuido los materiales comunes.			
Explico mis ideas con argumentos.			
Intento practicar siempre la asertividad.			
Participo democráticamente.			
Entiendo y defiendo los derechos humanos.			
Para disfrutar de mis derechos, cumplo mis obligaciones.			
Valoro el gran esfuerzo que hacen muchas personas para proclamar y para defender los derechos humanos.			
Entiendo la suerte que tengo de ir al colegio.			
En el futuro, devolveré a la sociedad lo que esta ha hecho por mí.			
Asumo mis responsabilidades.			
Es mi deber portarme lo mejor posible.			

Completa EN TU CUADERNO o en la versión imprimible

2 Dibuja el contorno de una figura (corazón, casa, balón…) en una cartulina. A continuación, divídela en piezas de puzle. Anota la respuesta a las cuestiones que se plantean en cada una de ellas y, por último, vuelve a unirlas formando el dibujo inicial.

	Unidad 3	Unidad 4
Vocabulario nuevo:		
Mi esquema:		
Páginas web en las que puedo ampliar mis conocimientos:		
Libros relacionados con la unidad:		
Noticias relativas a la unidad:		
Las personas que me pueden informar sobre esta unidad son:		
Mis dudas:		
Para mí, ha sido muy interesante:		
Para mí, es un poco difícil de entender:		
Antes no sabía que…:		

Completa EN TU CUADERNO o en la versión imprimible

PORTFOLIO 2

Recuerda seleccionar el material de trabajo de esta unidad para tu portfolio.

anayaeducacion.es
Dispones de una versión imprimible de esta página en el «Portfolio» del banco de recursos.

anayaeducacion.es
Descubre y comparte en familia.

5 La Constitución y Andalucía

Una visita impresionante

Estos últimos días hemos estado hablando en clase de la Constitución, de las autonomías, de las provincias y, especialmente, del patrimonio cultural y natural que tenemos en Andalucía.

Hay tantos lugares extraordinarios que es muy complicado y muy caro protegerlos, cuidarlos y mantenerlos. Tampoco es fácil que conozcamos todo, así que hoy hemos hecho un experimento.

Hemos ido a la sala de informática y hemos hecho una visita virtual al Real Alcázar de Sevilla. No es lo mismo que ir hasta allí, pero ha estado muy bien. Hemos ido visitando las diferentes dependencias del Alcázar por grupos.

Luego hemos hecho un pequeño trabajo de investigación sobre la historia de este monumento, las modificaciones que ha sufrido, los materiales que se usaron para su construcción y el uso que se hace hoy en día de él.

Esta semana vamos a hacer más visitas virtuales como esta a otros lugares maravillosos: la Alhambra, Doñana, el cabo de Gata...

¿Conozco mi comunidad autónoma?

En España existen diecisiete comunidades y dos ciudades autónomas. Aunque somos un solo país, las diferencias nos enriquecen. Saber armonizar la identidad nacional con el respeto a la diversidad nos ayudará a mantener una convivencia respetuosa.

Te proponemos un reto

¿Crees que conoces bien la Comunidad Autónoma de Andalucía y las peculiaridades de cada una de sus ocho provincias?

Para superar el reto... investigo y aprendo

- Tenemos una constitución
- Un país con autonomías
- Apreciamos la diversidad
- Respetamos a quienes son diferentes

Para demostrar que lo he superado... fabricamos un rompecabezas

- Paso 1: Los símbolos de España.
- Paso 2: Los símbolos de Andalucía.
- Paso 3: Nos entendemos.
- Paso 4: Ocho provincias diferentes.
- Paso 5: Unimos las piezas del rompecabezas «Andalucía, una autonomía acogedora».

Tenemos una constitución

Hay muchos países en el mundo en los que manda una persona y cambia las leyes según le conviene. Pero hay otros, como el nuestro, que han decidido tener un conjunto de leyes muy importantes y respetuosas con la Declaración Universal de los Derechos Humanos (DUDH) de la ONU.

El pueblo español, en su conjunto, aprobó la actual Constitución española por una amplia mayoría. El resultado fue de casi un ochenta y nueve por ciento de votos a favor, unos quince millones setecientas mil personas.

Este referéndum tuvo lugar el 6 de diciembre de 1978. Por ese motivo, esa fecha es uno de los días festivos de los calendarios laboral y escolar.

De todas y para todas las personas

Por lo tanto, la ciudadanía apoyó mayoritariamente que en esas leyes tan importantes se recogieran los derechos de los que hablamos en la unidad anterior, tales como la libertad y la igualdad.

Los países que tienen una constitución democrática no están gobernados por tiranías caprichosas ni admiten personas privilegiadas, con más derechos que las demás, sino que con su organización se busca conseguir una sociedad más justa.

La bandera española y las banderas autonómicas ante el edificio del Senado (Madrid).

Sus principios y valores

En el primer artículo de la Constitución española se señalan los valores fundamentales que se van a defender en ella: la libertad, la justicia, la igualdad y el pluralismo político.

El pluralismo político consiste en que se pueden crear partidos políticos que defiendan ideas diferentes para intentar gobernar de la mejor manera posible el país. Eso sí, tienen que respetar la propia Constitución y ser democráticos.

Y ese primer artículo también establece que el poder no pertenece a ninguna persona concreta ni a un grupo especial, sino al pueblo español.

Las señas de identidad del Estado español

La Constitución española permite y promueve la libertad para que cada cual pueda vivir como prefiera, pero también señala algunos principios que debemos tener en común, que nos distingan y permitan reconocernos como españolas y como españoles. En la Declaración Universal de los Derechos Humanos se dice que todos los seres humanos tienen derecho a una nacionalidad, es decir, a estar protegidos por un país.

Así pues, el texto señala que vivimos en un país único, aunque con comunidades autónomas, solidario y respetuoso con los derechos humanos, tales como las libertades de opinión, de expresión y de asociación, que permiten el pluralismo político.

Los símbolos de España

La unidad del Estado se refleja en que compartimos algunos símbolos, entre los que destacan los siguientes:

- El escudo, en el que aparecen los símbolos de los antiguos reinos a partir de los que se formó la nación española, así como la corona real.
- La bandera, que tiene tres franjas (roja, amarilla y roja), siendo la amarilla central del doble de anchura que las otras. Es la que se emplea, por ejemplo, en los acontecimientos deportivos internacionales.
- El himno nacional, que también podemos escuchar en esas competiciones o en los desfiles militares, por ejemplo.

Comprende, piensa…

1. Consultad en Internet los artículos del Título Preliminar de la Constitución española. Haced grupos, repartíos los nueve artículos y exponed al resto de la clase su significado.
2. La inversa Imaginad que alguien opina que viviríamos mejor sin una constitución que proteja nuestros derechos.
3. Supón que tuvieras que escribir la constitución de un país en el que gobernase una dictadura. Escribe qué derechos no tendrían sus habitantes.

Paso 1 2 3 4 5

Los símbolos de España.

Ya hemos visto que España tiene tres símbolos principales: el escudo, la bandera y el himno. Para comenzar a preparar nuestro rompecabezas, buscad e imprimid un mapa político mudo de España y coloread Andalucía para distinguirla del resto de comunidades y ciudades autónomas. Además, dibujad también la bandera y el escudo de España.

Un país con autonomías

Unidad y diversidad

La unidad de España como patria común e indivisible de las españolas y los españoles es uno de los principios fundamentales que se establecen en el artículo 2 de la Constitución de 1978. Pero, junto a él, también se garantiza el derecho a la autonomía de las nacionalidades y de las regiones que la integran.

Las comunidades autónomas forman parte, por tanto, del Estado español y pueden defender sus intereses particulares, si bien deben comportarse solidariamente unas con otras.

Vivimos en común, nos parecemos, pero eso tampoco quiere decir que seamos exactamente iguales. La unidad se realiza con la libertad suficiente para permitir que haya diversidad.

Los estatutos de autonomía

En el artículo 147 de la Constitución española se establecen algunos de los contenidos que aparecen en los estatutos de las comunidades autónomas:

- La denominación de la comunidad autónoma que mejor corresponda a su identidad histórica.
- La delimitación de su territorio.
- La denominación, organización y sede de las instituciones autonómicas propias.
- Las competencias asumidas dentro del marco establecido en la Constitución y las bases para el traspaso de los servicios correspondientes a ellas.

Torre del Oro (Sevilla).

El estatuto de autonomía de Andalucía

Andalucía aprobó su estatuto de autonomía en 1981, aunque en el año 2007 introdujo algunas modificaciones. Recibió el apoyo de casi el 90 por ciento de las andaluzas y los andaluces.

En él, se establece que Andalucía es una nacionalidad histórica, cuyo territorio abarca las provincias de Almería, Cádiz, Córdoba, Granada, Huelva, Jaén, Málaga y Sevilla.

Patrimonio andaluz

La herencia cultural de la región andaluza es tan extraordinaria que proporciona a sus habitantes y a sus visitantes la posibilidad de disfrutar de un patrimonio de gran riqueza.

Sede del Parlamento de Andalucía (Sevilla).

Andalucía tiene el orgullo y la responsabilidad de mantener y de proteger cerca de 27 000 bienes culturales, tales como monumentos, conjuntos históricos, zonas arqueológicas y obras artísticas. Y también atesora otro tipo de bienes «intangibles», como sus tradiciones, su música o sus bailes.

Junto a los bienes culturales, Andalucía también cuenta con cerca de quinientas especies vegetales y una población de fauna mediterránea bastante bien conservada en cerca de doscientos cincuenta enclaves protegidos.

Símbolos de Andalucía

De forma similar a lo que ocurre con España, también Andalucía tiene su propia bandera, su escudo y su himno:

- La bandera tiene tres franjas horizontales de igual anchura y de colores verde, blanco y verde.
- En el escudo aparece Hércules con dos leones y la leyenda: «Andalucía por sí, para España y la Humanidad».
- El himno se basa en la tradición popular y en su letra se expresa el deseo de paz y de solidaridad en la búsqueda de una sociedad más justa y más democrática.

Comprende, piensa…

1. Rompecabezas Haced grupos y buscad información en la página web de la Junta de Andalucía. Repartíos temas como la geografía, la historia, la naturaleza, la cultura y el estatuto de autonomía. Resumid la información y presentadla en clase.
2. Averiguad si es posible realizar alguna visita a algún lugar representativo del patrimonio andaluz. Preguntad si podéis participar en la organización de la excursión.
3. Organizad un concurso de dibujo sobre monumentos representativos de Andalucía.

1 2 Paso 3 4 5

Los símbolos de Andalucía.

Ahora vamos a imprimir un mapa político mudo de Andalucía en tamaño DIN-A3 y recortaremos las provincias. También, junto a ellas, vamos a dibujar la bandera y el escudo de Andalucía.

Apreciamos la diversidad

Promovemos la comprensión entre comunidades

Si España se organiza en diferentes comunidades autónomas, no es para que rivalicen y compitan entre ellas, sino para que cada una pueda desarrollarse manteniendo sus señas de identidad al mismo tiempo que es solidaria con las demás.

La convivencia del ser humano no exige uniformidad. Podemos mantener unos márgenes razonables de libertad siempre y cuando nos respetemos. Andalucía no pretende enfrentarse a nadie, sino cumplir con lo señalado en la leyenda de su escudo.

Escuchamos

Dentro de la propia Andalucía también debemos ser tolerantes y tenemos que respetarnos. No todas las personas de Andalucía son iguales. Cada grupo tiene sus propias características que enriquecen el conjunto y ayudan a preservar y a aumentar un patrimonio cultural muy variado.

Uno de los valores más notables de Andalucía es la apertura a las demás personas, la capacidad de escuchar lo que pueden aportar y de defenderlo como algo importante.

Fachada y «Cubo» de la sede del Centre Pompidou en Málaga.

Andalucía y el pueblo gitano

Entre los objetivos que se propone el estatuto de autonomía de Andalucía está la plena integración de las minorías, en particular de la comunidad gitana. No en vano, casi la mitad de los miembros de esta comunidad que residen en España lo hacen en Andalucía, cerca de trescientos mil.

Para poder atender sus necesidades, la Junta de Andalucía ha creado una Secretaría especial encargada de:

- Coordinar y seguir proyectos de integración.
- Poner en marcha un plan integral para esa comunidad.
- Crear y coordinar un centro sociocultural.
- Convocar ayudas públicas para minorías étnicas.

La comunidad gitana

El pueblo gitano vive en España al menos desde hace quinientos años. Llegaron como nómadas y de esa manera vivieron durante mucho tiempo. En Andalucía alcanzan cerca de un cinco por ciento de la población.

Aunque su tradición es fundamentalmente oral, lo que hace que no haya una amplia cultura escrita, no por ello han dejado de hacer importantes contribuciones al patrimonio cultural andaluz y español.

Su lengua propia (el caló o romaní) se ha mantenido en el tiempo y ha enriquecido el castellano con términos como «chaval», «chungo», «currar», «molar» o «pirarse».

También la música y la danza deben mucho a su contribución. El folclore de este pueblo es muy importante en la tradición flamenca, por la que se reconoce a la comunidad andaluza en muchos lugares de España y del extranjero.

El poeta Federico García Lorca decía que este pueblo es «lo más elevado, lo más profundo y lo más aristocrático de mi país».

Comprende, piensa…

1 Busca información sobre el flamenco. Escoge alguna canción cuya letra te guste y escúchala. Explica a tus compañeros de qué trata.

2 Investiga en Internet y realiza una presentación digital sobre las costumbres, la historia y el modo de vida del pueblo gitano.

3 Invitad a clase a alguien que represente al pueblo gitano para que os cuente cómo se sienten los miembros de la comunidad gitana, cuáles son sus preocupaciones y cómo les gustaría relacionarse con el resto de andaluzas y de andaluces.

1 2 3 Paso 4 5

Nos entendemos.

Compartimos el mismo idioma y por eso nos entendemos, pero cada cual tiene una forma diferente de hablar. Eso nos proporciona una ocasión para aprender. Prestad atención y anotad palabras que usen otras personas, averiguad su significado y ponedlas en común. ¿Hay alguna que sea típica de alguna provincia de Andalucía?

Respetamos a quienes son diferentes

Individuos en grupos

Somos individuos. Cada persona quiere ser reconocida y respetada como un ser humano diferente a los demás, parecido pero distinto. No nos gusta que nos critiquen como miembros de un grupo. Nos molesta que digan cosas como «Todos los hombres son iguales» o «Todas las mujeres son iguales»...

Por otro lado, es cierto que pertenecemos a grupos y que compartimos con el resto de miembros de ese grupo algunas señas de identidad; ahora bien, aunque nos parecemos, no somos iguales a nadie.

Conviene que busquemos los aspectos más positivos y las ventajas de la colaboración. La unión de las compañeras y los compañeros de clase puede lograr objetivos que individualmente no se conseguirían nunca. La cooperación de los andaluces y las andaluzas, sin marginar a nadie, llevará a esta comunidad a un futuro mucho mejor.

Los grupos culturales

Andalucía es una sociedad multicultural. Su historia la ha convertido en lugar de encuentro de diversos pueblos con creencias, opiniones y arte muy variados.

Ser niña o niño no significa que una persona no sea al mismo tiempo estudiante, de Andalucía o persona. Nuestra riqueza individual aumenta con la integración en diferentes grupos, y todos merecen un respeto. Esto significa también que debemos ser tolerantes y colaborar con los distintos grupos culturales.

Monumentos como el Real Alcázar de Sevilla serían inimaginables si no fuera por la unión de esfuerzos de personas de distintas etnias, religiones e incluso épocas.

La ubicación y los atractivos de Andalucía como lugar de encuentro entre Europa, África e incluso América han convertido a esta región en la comunidad diversa que es hoy. Todo el mundo aporta y nadie se impone: Andalucía ha recibido la influencia musulmana, judía, gitana, castellana o americana, pero no puede reducirse a ninguna de ellas.

Patio de las Doncellas del Real Alcázar de Sevilla.

Pertenecemos a una comunidad

Como seres que viven en sociedad, las personas nos desarrollamos en un ambiente determinado, rodeadas de otras personas que nos quieren, nos ayudan y nos forman. Primero, la familia; luego, la escuela, las amistades, la localidad, la comunidad autónoma, España, la Unión Europea y, finalmente, la humanidad.

Esta pertenencia nos otorga privilegios y también genera obligaciones. Ganamos cuando las demás personas nos ayudan, pero también cuando colaboramos con ellas. Perdemos si nos negamos a aportar lo que podemos. Aunando nuestro esfuerzo somos más y mejores.

Vista de La Alhambra de Granada desde el mirador de San Nicolás.

Comprende, piensa...

1 Preparar la tarea En grupos, escoged alguno de los monumentos más significativos de la Comunidad Autónoma de Andalucía y estudiad la influencia de diferentes culturas en su construcción. Poned el resultado en común.

2 Buscad información sobre la música andalusí y explicad su relación con Andalucía. Escuchad en clase alguna de las composiciones de este tipo de música. ¿Qué emociones os transmite?

3 Buscad entre vuestros materiales de Ciencias Sociales datos acerca de la historia y de la cultura andaluza. Escoged los que os parezcan más importantes.

1 2 3 4 Paso 5

Ocho provincias diferentes.

Buscad información en Internet y elegid monumentos, artistas, paisajes..., que os parezcan muy representativos del patrimonio de cada una de las ocho provincias andaluzas y elegid uno. En orden, exponed en clase qué elemento habéis elegido para cada provincia, explicando por qué pensáis que es importante y representativo de ella. Podéis debatir vuestra elección con el resto de grupos.

1 2 3 4 Paso 5

Unimos las piezas del rompecabezas «Andalucía, una autonomía acogedora».

Montamos el rompecabezas

Ya tenemos todos los materiales y toda la información necesaria para construir nuestro rompecabezas de Andalucía. ¡Vamos a montarlo!:

- En una cartulina, ponemos el título de nuestro mapa: «Andalucía, una autonomía acogedora».
- A continuación, pegamos el mapa de Andalucía que hemos impreso en tamaño DIN-A3 y en el que hemos dibujado la bandera y el escudo de Andalucía.
- Ahora, pegamos en una esquina el mapa de España en el que hemos situado Andalucía y en el que hemos dibujado la bandera y el escudo de España.
- Después de unir y de pegar las ocho provincias de forma que compongan el mapa de Andalucía, en cada provincia andaluza pegamos la palabra y el elemento más representativos de cada una de ellas que hemos seleccionado previamente.
- Por último, una vez terminado el mapa, dibujamos por detrás las piezas del puzle, las recortamos y las guardamos en un sobre para que no se pierdan.

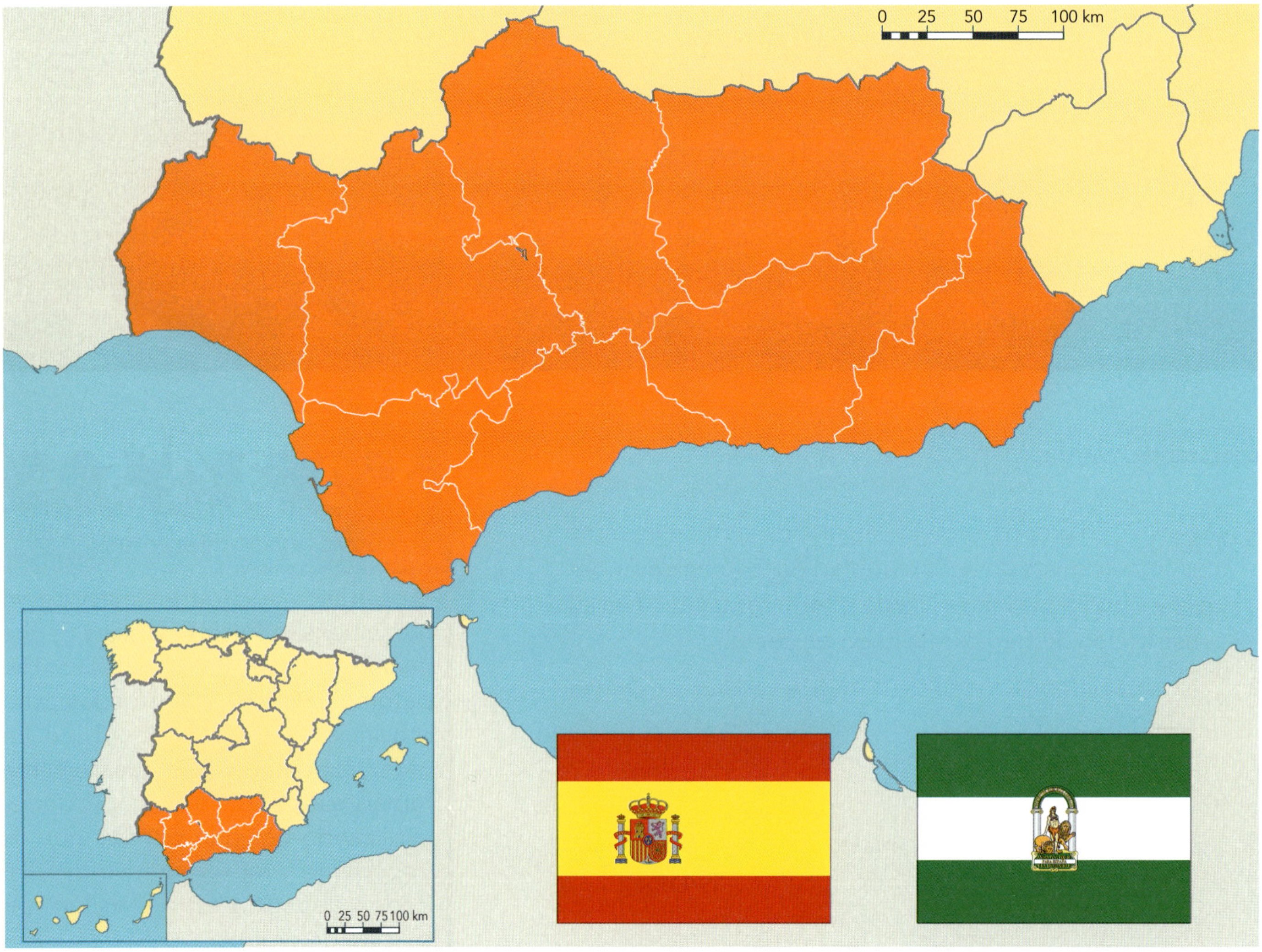

Zona cívica

Estudiamos un espacio natural de Andalucía

En el trabajo que vais a realizar debéis desarrollar diferentes fases y tareas. Es importante que hagáis una adecuada labor de coordinación para conseguir un buen resultado.

Tareas que debéis realizar

El estudio de un espacio natural protegido ha de incluir:

1. Características geográficas: localización, superficie, características físicas (montaña, desierto, ríos, costa…), alteraciones realizadas por el ser humano…
2. Fauna: animales abundantes, en peligro de extinción, autóctonos, introducidos por el ser humano, relaciones entre ellos…
3. Flora: árboles y plantas característicos.
4. Tipo de protección: parque nacional, parque natural, paraje natural…, y razones por las que la recibe.
5. Uso: si se puede visitar, actividades organizadas, posibilidades (montañismo, submarinismo, senderismo, observación de aves…).
6. Peligros que acechan a ese espacio.
7. Ilustraciones: fotos, dibujos, mapas…

Marismas de Doñana y lince ibérico.

¡Manos a la obra!

1. Organizaos en grupos siguiendo las indicaciones que os dé el profesor o la profesora y elegid a alguien que se encargue de coordinar y de distribuir las tareas.
2. Escoged un espacio natural de Andalucía y buscad información sobre él para realizar un estudio como el ejemplo que os proponemos a continuación. Presentadlo en clase.

Ejemplo

DOÑANA

La zona protegida de Doñana se encuentra en su mayor parte en la provincia de Huelva, junto con la de Sevilla y la de Cádiz. Engloba el área de las marismas del Guadalquivir, la franja costera del sureste de la provincia de Huelva. Son zonas bajas y arenosas con dunas que, en ciertas áreas, son móviles.

Se pueden ver también construcciones realizadas por el ser humano, como el palacio del Acebrón.

Actividad

La zona protegida del parque de Doñana se puede visitar en un vehículo todoterreno con la compañía de guías. En el resto de zonas del parque se permite recorrer senderos que facilitan la observación de una gran variedad de aves.

El parque cuenta con centros de interpretación y de información, puntos de observación y zonas habilitadas para personas con algún tipo de diversidad funcional.

Flora y fauna

El parque de Doñana es uno de los espacios naturales más ricos de Europa. Destaca la presencia de un gran número y de una gran diversidad de aves acuáticas, como el flamenco y la cigüeña negra. También cuenta con una gran variedad de peces y de mamíferos, entre los que destaca por encima de todos los demás el lince ibérico.

En cuanto a la flora, en el parque hay más de novecientas especies de plantas y bosques de pinos y de alcornoques.

Cine con valores

Wall-e

Seguro que conoces esta maravillosa película dirigida por Andrew Stanton y que nos servirá para reflexionar sobre nuestro entorno natural y nuestra forma de relacionarnos.

El personaje central es un robot, el último de su clase, que ha estado trabajando durante mucho tiempo en la «limpieza» de una gran ciudad abandonada por los seres humanos. Como robot, es una máquina, pero muestra muchos rasgos humanos:

1 ¿Cuál es la rutina de trabajo de Wall-e? ¿Qué o a quién te recuerda esa rutina de trabajo?

2 Por equipos reflexionamos y opinamos:

1. ¿Qué rasgos humanos observas en Wall-e?
2. ¿Qué emociones muestra Wall-e? ¿De qué manera te afectan esas emociones? ¿Podrías describirlo?
3. Wall-e tiene su propio refugio, donde acumula diferentes objetos que encuentra mientras trabaja. ¿Puedes hacer una lista de esos objetos? ¿Qué utilidad tienen?
4. Mientras Wall-e está trabajando, encuentra un anillo con un diamante, lo observa y lo tira para quedarse con la caja. ¿Qué crees que nos transmite este acto?
5. EVA está buscando algún tipo de vida vegetal en el planeta Tierra. ¿Por qué es tan importante para ella?
6. En el supercrucero Axiom viven muchas personas. Llevan varias generaciones manteniendo el mismo estilo de vida. ¿Podrías describir qué hacen?
7. ¿Cómo se relacionan unos seres humanos con otros en la nave? ¿Tienen algún tipo de preocupaciones?
9. ¿Puedes comparar la «vida» de Wall-e, de EVA y de otros robots con la de los seres humanos?

3 La imagen del planeta Tierra que se muestra en esta película es descorazonadora: las ciudades abandonadas y destruidas, llenas de basura y de escombros y sin ningún aparente indicio de vida (salvo la cucaracha «compañera» de Wall-e), ni siquiera vegetal. ¿Qué crees que ha llevado al planeta a esa situación?

Ponemos en común todas las opiniones, las contrastamos y vamos ampliando nuestra idea inicial con las aportaciones de las compañeras y los compañeros hasta formular una respuesta final.

4 Expresamos nuestra opinión sobre lo que la empresa BNL representa en la película y en qué medida creemos que es responsable de lo que ha pasado en la Tierra.

5 Por grupos, buscamos información en Internet sobre los beneficios del reciclaje en la que se destaque algún aspecto curioso, como, por ejemplo, cuántos arboles se necesitan para hacer una tonelada de papel, cuánta energía se ahorra reciclando el aluminio, cuántas veces se puede reciclar el vidrio…

Preparamos carteles o pósteres informativos que sean llamativos y que muestren estos datos. Colgamos los pósteres por los pasillos del centro escolar y nos organizamos para informar al alumnado del colegio sobre la importancia y los beneficios de reciclar.

6 La Comunidad Autónoma de Andalucía cuenta con numerosos espacios protegidos de gran riqueza ecológica. Por grupos, elegid un espacio protegido diferente y averiguad cuáles son las amenazas a las que se enfrenta y qué se está haciendo para preservarlo. ¿Se os ocurren algunas otras alternativas para salvaguardar los espacios protegidos?

7 ¿Sabéis qué es el ecologismo? ¿Creéis que es importante que cuidemos el medioambiente? Explicad por qué y cómo podemos protegerlo.

8 En grupos, nos organizamos y elegimos qué robot o robots de la película queremos construir. Para ello, vamos a reutilizar materiales usados en casa: cajas de cartón, botellas, latas, hueveras…

Realizamos el diseño y nos ponemos manos a la obra. Expondremos los trabajos en los pasillos del colegio.

6 Bienes y servicios públicos

El ayuntamiento

El curso está a punto de acabarse y en apenas unas semanas nos dan las vacaciones de verano. Yo voy a pasar unos días con mi abuela y con mi abuelo, que me cuidarán estos días, porque mi padre y mi madre trabajan; además, como viven junto a la playa, me escapo del calor que hace en mi pueblo.

Bueno, hablando de mi pueblo, ayer hicimos una excursión muy especial: visitamos el ayuntamiento. Nos subimos en el autobús municipal a la puerta del colegio y fuimos hasta la plaza, y allí vimos el edificio, que, por cierto, es precioso.

Nos recibieron muy amablemente, nos llevaron por diferentes dependencias y nos presentaron a la alcaldesa. Me pareció una mujer muy amable. Nos contó cómo era su jornada de trabajo y charlamos sobre la multitud de servicios que se ofrecían y se gestionaban desde el ayuntamiento.

Yo no sabía, por ejemplo, que tienen un servicio de policía ni que se encargan de organizar campamentos de verano infantiles. A lo mejor me apunto el año que viene.

¿Qué son los servicios públicos?

Los servicios públicos sirven para resolver muchas necesidades que no podríamos afrontar individualmente. Si perdemos la salud o estamos en peligro, podemos recurrir a ellos. Esa posibilidad exige una organización extraordinaria.

Te proponemos un reto

¿Crees que conoces cómo funcionan los servicios públicos y que sabes cómo usar los bienes públicos?

Para superar el reto... investigo y aprendo

- Nos organizamos
- Servicios del Estado
- Servicios autonómicos
- Los pagamos con los impuestos

Para demostrar que lo he superado... organizamos un concierto

- Paso 1. Proponemos realizar un concierto de fin de curso.
- Paso 2. Contratamos al personal de la organización.
- Paso 3. Planificamos la seguridad y los servicios de emergencia.
- Paso 4. Elaboramos un presupuesto.
- Paso 5. Ultimamos los detalles finales del concierto.

Nos organizamos

Nos beneficiamos de la colaboración

Imaginemos que viviéramos en solitario o en un grupo pequeño, como una familia. Supongamos que tuviéramos que conseguir en un bosque todo lo que necesitamos: un refugio, los alimentos necesarios para cada día, la ropa que nos proteja, el agua para beber y para nuestra higiene... Apenas podríamos parar de hacer cosas solo para sobrevivir. No lograríamos ni siquiera aprender a leer, ni mucho menos que el agua corriente o la electricidad llegaran a nuestras casas.

Las sociedades modernas reúnen a muchas personas y cada una hace una tarea diferente, así el conjunto sale muy beneficiado.

Los servicios públicos

Las enormes sociedades actuales tienen que estar muy organizadas para que puedan satisfacer las necesidades sociales de su población. Esta tarea se consigue mediante los servicios públicos.

Si la población es de millones de habitantes, alguien ha de organizar y de pagar los servicios necesarios para toda la ciudadanía. Para eso se crearon las administraciones públicas, tales como el Estado español, la Junta de Andalucía, las diputaciones o los ayuntamientos.

Entre estos servicios destacan la educación, la sanidad, los servicios sociales (como facilitar ayudas a quien las necesita) o la construcción de infraestructuras (como carreteras, hospitales, centros escolares...).

Puente de la Constitución de 1812 en Cádiz.

Clasificación de los servicios públicos

Los servicios públicos se pueden clasificar de diferentes maneras. Por ejemplo: se consideran servicios esenciales aquellos que son necesarios para que la sociedad funcione con normalidad, como la seguridad ciudadana, la administración económica del país, la educación o la sanidad.

También hay algunos que afectan al hogar en el que vivimos, como los suministros de electricidad y de agua corriente o como la recogida de basuras, y los llamamos servicios domiciliarios.

Otros se denominan servicios sociales: por ejemplo, la administración de las pensiones y de las prestaciones sociales.

Servicios para la infancia

Como es lógico, las personas que tienen mayores necesidades merecen una atención mayor por parte de las administraciones. Y, entre ellas, encontramos a los niños y las niñas.

Como se subraya en los derechos de la infancia, las niñas y los niños tienen derecho a una educación, a la sanidad y a una protección adecuada. Por eso, las administraciones públicas tienen que proporcionar los medios adecuados para que el acceso a una educación básica gratuita y a un servicio sanitario adecuado sea universal.

Además, la Junta de Andalucía tiene unos Servicios de Protección del Menor. Este servicio procura asegurarse de que los niños y las niñas tengan la mejor protección posible. En este sentido, se considera especialmente importante que se encuentren en un ambiente familiar adecuado.

Paso 1 2 3 4 5

Proponemos realizar un concierto de fin de curso.

Estamos en la recta final del curso y podemos empezar a pensar cómo celebrarlo. Desde el ayuntamiento, concretamente desde la Concejalía de Infancia y Juventud, se ofrecen diversas actividades infantiles y juveniles a lo largo del año. Vamos a proponerles realizar un concierto. Para ello, por equipos, pensaremos en un grupo musical que nos guste y votaremos cuál es el preferido por la mayoría de la clase. Si es necesario, buscaremos información en Internet sobre esos grupos y expondremos las razones por las que estaría bien elegir el que nos gusta.

Comprende, piensa...

1. Busca entre los recursos online de las administraciones públicas de Andalucía qué tipo de servicios ofrece cada una de ellas.
2. Saco de dudas Informaos de las tareas que realizan los Servicios de Protección del Menor de la Junta de Andalucía y anotad en vuestro cuaderno cómo ayudan a las niñas y a los niños.
3. Imaginad que sois mayores y que tenéis que encargaros de los siguientes servicios: administración y gestión, seguridad, educación, sanidad, construcción de infraestructuras, limpieza.

   Repartid en clase las tareas formando una especie de pequeño gobierno y elaborad un sencillo programa de lo que haríais en cada departamento.

Servicios del Estado

Defensa y Fuerzas Armadas

Las comunidades autónomas pueden tener su propia policía, que protege el orden y asegura la convivencia en las localidades y en las provincias de la comunidad, pero mantener al ejército que defendería a España y a sus aliados si fuera necesario es una obligación del Estado.

España pertenece a organizaciones internacionales que nos apoyan y ante las que tenemos que responder como país cuando piden que cumplamos nuestros compromisos.

También otras fuerzas, como, por ejemplo, la Guardia Civil, encargada de misiones como la lucha contra el terrorismo, la protección del medioambiente o el tráfico en las carreteras, son nacionales.

Infraestructuras

Hay grandes obras que afectan a varias comunidades autónomas, como, por ejemplo, las que tienen que ver con los ríos que atraviesan varias de ellas. ¿Imagináis que una comunidad decidiera hacer una presa y quedarse con toda el agua o desviarla para vendérsela a otra diferente de aquella por la que discurre el curso del río? Para evitar estos conflictos, se realizan planes hidrológicos que tienen en cuenta principios como el de solidaridad que establece la Constitución.

También es necesario hacer carreteras y autovías o líneas férreas para los trenes, medios de comunicación muy caros y que exigen acuerdos que superan el territorio de las comunidades autónomas, puesto que nos llevan incluso a otros países.

Legislación y justicia

Si toda la ciudadanía española es igual ante la ley, es necesario que la ley sea igual para todas las personas. Esta igualdad se reconoce en el caso de las leyes más importantes, las que establecen los derechos y los deberes reconocidos en la Constitución.

Incluso la justicia y la fiscalía, cuyos miembros interpretan y aplican las leyes, dependen del Estado español, para que se mantenga esa igualdad ante la ley que figura en nuestra Constitución.

La Seguridad Social

Parte de los servicios sociales, que se encargan de la distribución de ayudas y de prestaciones, también son responsabilidad del Estado. Aunque es cierto que otros se gestionan en cada comunidad autónoma o incluso en los ayuntamientos.

Banderas de los países de la Unión Europea ante la sede del Parlamento Europeo en Estrasburgo (Francia).

Relaciones internacionales y títulos académicos

Los tratados que se firman entre países, ya sea para la seguridad o de tipo comercial, son competencia del Estado. Esto ocurre, por ejemplo, cuando la Unión Europea (en nombre de España y del resto de países que la componen) y Marruecos negocian acuerdos de pesca en aguas marroquíes.

Y para conseguir que los títulos académicos tengan valor en el extranjero, también es necesario que los planes de estudio sean similares en los distintos lugares: el título de Primaria que pronto conseguiréis es válido en todas las comunidades autónomas. Si alguien se traslada de una a otra, no tendrá que repetir ningún curso ni ninguna asignatura.

Hacienda

Para proveer de todos estos servicios hace falta dinero. El Estado recauda sus propios impuestos y emplea ese dinero para conseguir todos sus objetivos.

Comprende, piensa...

1. Sumamos Haced un análisis crítico de estos servicios estatales. Explicad por qué se encarga el Estado de proporcionarlos.
2. Las 6 W Escoge uno de esos servicios e investiga en qué consiste.
3. La justicia y la fiscalía dependen de la administración del Estado. ¿Cuáles son sus funciones? ¿Por qué dependen del Estado?

1 2 Paso 3 4 5

Contratamos al personal de la organización.

Cuando organizamos algún evento, creamos una empresa o abrimos un negocio, necesitamos contratar a las personas que van a trabajar para hacerlo realidad. Informaos de qué impuestos recauda la Hacienda estatal en la nómina del personal y por IVA, y averiguad en qué servicios del Estado emplea el dinero recaudado.

Servicios autonómicos

Policía autonómica y local

Hay algunas comunidades, como el País Vasco, Cataluña o Navarra, que tienen una policía autonómica completamente independiente del Cuerpo Nacional de Policía. Y hay otras, como, por ejemplo, Madrid, Murcia, Castilla y León, Castilla-La Mancha, Extremadura... que no tienen policía autonómica.

En cambio, Andalucía se encuentra en una situación intermedia. Dispone de una unidad del Cuerpo Nacional de Policía adscrita a la comunidad autónoma; es decir, que forma parte del Cuerpo Nacional de Policía (del Estado español), pero que recibe las órdenes de la Junta de Andalucía.

También muchas localidades tienen un cuerpo de policía municipal, que se ocupa de las necesidades de los ayuntamientos en materia de seguridad.

Sanidad

Desde 1984, la Junta de Andalucía asumió las competencias de sanidad. La creación del Servicio Andaluz de Salud (SAS) sirvió para que el derecho a la atención médica llegara a prácticamente toda la población andaluza.

La Junta de Andalucía procuró incrementar el número de especialistas y de centros sanitarios en toda la comunidad para satisfacer las necesidades de sus habitantes. Esta administración es la encargada de decidir dónde, cuándo y cómo es preferible que se instalen las infraestructuras y quiénes han de trabajar en ellas.

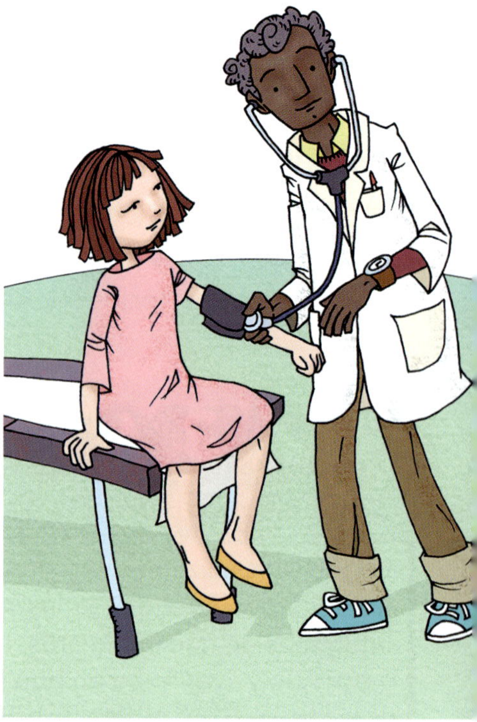

Educación

Aunque el sistema escolar tiene un fundamento común en todo el Estado, las comunidades autónomas pueden tomar muchas decisiones relevantes al respecto. Por ejemplo, esta asignatura forma parte de las que se imparten en Andalucía, cumpliendo con el objetivo de conseguir una formación democrática tal y como sugieren la Organización de las Naciones Unidas, el Consejo de Europa y la Unión Europea. Sin embargo, en otros lugares se considera necesario o conveniente cursar otras materias, como, por ejemplo, la lengua cooficial de la comunidad autónoma.

La Junta de Andalucía tiene la responsabilidad de determinar cómo distribuir los recursos económicos para optimizar la educación de las andaluzas y los andaluces.

Helicóptero y personal del Servicio de Emergencias 112.

Servicios sociales, protección civil y emergencias

La asistencia a las personas necesitadas también es una tarea de la que se ocupa la comunidad autónoma. Se trata de la administración que está más próxima a las personas concretas y por eso puede decidir con mejor criterio quiénes la precisan y en qué cantidad.

Algo similar ocurre con los servicios de protección civil, que dan una respuesta inmediata cuando se produce alguna catástrofe y que reaccionan con mayor rapidez si están organizados desde la misma comunidad autónoma.

Cultura y patrimonio

Ya hablamos en la unidad anterior de la enorme riqueza del patrimonio de Andalucía. Esta importancia supone que su mantenimiento y su conservación resulten extremadamente costosos. Es necesario evitar que los monumentos se deterioren, proteger la biodiversidad procurando salvar a las especies en peligro de extinción…

Y todas estas labores cuestan dinero, que es administrado por la Junta de Andalucía y que, en parte, también recauda, además de las transferencias del Estado.

Comprende, piensa…

1. Busca información en la página web de la Junta de Andalucía sobre el patrimonio cultural andaluz.
2. Intenta averiguar qué diferencias hay entre las Fuerzas y Cuerpos de Seguridad del Estado y los que son autonómicos y locales. Anótalas en tu cuaderno.
3. Investigad cómo se organiza el Servicio Andaluz de Salud e informaos de los servicios que presta. Averiguad cuánto cuesta cada día que una persona pasa en un hospital.

1 2 3 Paso 4 5

Planificamos la seguridad y los servicios de emergencia.

¿Qué vamos a necesitar? Por grupos, id anotando todos aquellos servicios que penséis que son necesarios para organizar una celebración sin problemas (policía local, ambulancia, servicio de limpieza…). Averiguad también qué permisos hacen falta y cómo se pueden conseguir.

Los pagamos con los impuestos

Bienes públicos

Llamamos bienes públicos a aquellos cuya titularidad pertenece a una administración pública, como pueden ser el Estado español, la Junta de Andalucía o un ayuntamiento. Los edificios en los que tienen las oficinas no son de quienes ocupan la presidencia, las alcaldías, las consejerías o las concejalías. Lo mismo ocurre con los colegios, los institutos, las universidades, los hospitales, los centros médicos…

Estos bienes son públicos y están a disposición de quienes puedan necesitarlos y se procura que puedan ser utilizados por la ciudadanía.

El correcto uso de los bienes y servicios

Todos estos servicios los conseguimos gracias al esfuerzo conjunto y a la solidaridad general. Tenemos colegios, hospitales, personal de la enseñanza, de la medicina, de la policía… Y todas esas instalaciones y el sueldo de esas personas cuestan mucho dinero. Sin embargo, no pagamos nada cuando los utilizamos. ¿Significa eso que son gratis? En absoluto. Los pagamos con nuestros impuestos.

Esto implica que tenemos dos obligaciones: no abusar de ellos y procurar preservarlos de la mejor manera posible.

Si empezamos a abusar, tratando de acaparar más de lo que nos corresponde, es probable que alguien se quede sin lo que necesite.

Si destrozamos, o permitimos que otras personas lo hagan, aquello que tanto nos ha costado conseguir, es probable que lo perdamos.

Trenes AVE en la estación de Santa Justa (Sevilla).

Los impuestos

Es verdad que no pagamos las visitas médicas cuando las hacemos y que no tenemos que dar dinero por la educación que recibimos al final de cada jornada o de cada mes. Pero eso no significa que salga gratis o que no lo paguemos. Lo que ocurre es que lo hacemos en común.

Las administraciones, tanto del Estado como de las comunidades autónomas y de los ayuntamientos, establecen una serie de impuestos que pagamos con nuestros sueldos, cuando compramos o en función de los bienes que poseemos. Ese dinero es recogido y distribuido procurando que cubra lo que más falta haga.

Cada vez que pagamos impuestos, el dinero no se lo queda la persona que lo cobra, sino que va a parar a las arcas de una administración y sirve para pagar una carretera, un hospital, un colegio o el sueldo de alguien que apagará un fuego, socorrerá a una persona que ha tenido un accidente o formará a las ciudadanas y a los ciudadanos del futuro.

Las obligaciones tributarias

Si estamos convencidos de que tenemos derecho a disfrutar de una serie de servicios comunes, entonces es necesario que actuemos solidariamente, que aportemos el dinero que podrá servir para alimentar a quien no puede comprar comida o para curar a las personas que no pueden permitirse pagar al personal sanitario o una operación.

Por eso, el pago de impuestos es justo siempre que se utilice para favorecer el bien común. Se trata de una obligación moral, pero también legal. Las leyes y la justicia persiguen y sancionan a quienes defraudan a Hacienda.

Si no hubiera nadie más en el mundo, quizá podría dar igual que nos esforzáramos más o menos por algo, pero vivimos con más seres humanos y les afectan nuestras acciones. Tenemos la obligación de comportarnos lo mejor posible.

1 2 3 4 Paso 5

Elaboramos un presupuesto.

Hemos aprendido que nuestros impuestos cubren muchas de las actividades y de los proyectos del ayuntamiento, pero una parte del precio tiene que pagarlo la entidad que organiza el evento. Por equipos, haced un presupuesto de lo que podría costar el concierto, delimitando cuánto pagaría el ayuntamiento y qué aportaría el público. No olvidéis que para hacer un presupuesto es necesario calcular los gastos reales (lo que se paga al grupo, el coste de la escenografía...).

Comprende, piensa...

1 ¿Quién paga todos los gastos que genera un colegio o un instituto públicos y de dónde obtiene el dinero?

2 ¿Cómo pensáis que nos sentiríamos si no tuviéramos la red de protección de los servicios públicos? ¿Podéis relacionar la solidaridad con el mantenimiento de esos servicios?

3 Debatid en clase sobre la necesidad de la recaudación de impuestos: por qué nos los cobran, si son justos y para qué se emplean.

Paso 1 2 3 4 5

Ultimamos los detalles finales del concierto.

Estructuramos y damos forma al evento

Ya tenemos toda la información necesaria para organizar un fantástico concierto de fin de curso. ¡Vamos a presentarlo! Para ello, vamos a estructurar la información en varios apartados:

- **Elección del grupo y presentación del concierto:** aportaremos información del grupo musical que hemos seleccionado, sobre su música y su carrera musical, incluyendo fotos. También haremos una propuesta del lugar donde se podría realizar y la fecha y la hora de celebración.
- **Entidad organizadora:** haremos una relación de las personas implicadas en la organización del concierto. También podríamos señalar la participación de entidades colaboradoras o de patrocinio, si las hemos buscado.
- **Plan de seguridad:** informaremos de las medidas que hemos tomado para garantizar la seguridad del evento.
- **Presupuesto:** incluiremos el presupuesto de gastos e ingresos estimados para la organización del evento.

Presentación del proyecto

Si es posible, organizaremos una visita al ayuntamiento para entregar nuestra propuesta y para conocer de cerca sus instalaciones y a quienes se encargan de que todo funcione en nuestra localidad. También podemos adaptar nuestro proyecto a las condiciones de nuestro colegio y presentar un proyecto similar al equipo directivo para que se celebre un concierto de fin de curso. Puede ser con actuaciones del alumnado.

Una vez organizado el concierto,

¡es el momento de disfrutar del resultado del trabajo en equipo!

Zona cívica

Estudiamos nuestro patrimonio cultural

El trabajo que vais a realizar se desarrollará en diferentes fases y comprenderá varias tareas. Tenéis que trabajar en grupos, así que es importante que os organicéis y os coordinéis.

El primer paso será investigar sobre el patrimonio cultural de bienes inmuebles de Andalucía y seleccionar un monumento o un conjunto arquitectónico destacado. El trabajo consistirá en realizar un estudio de ese monumento.

Archivo General de Indias (Sevilla).

Tareas que debéis realizar

El estudio de un monumento debe incluir:

1. Ubicación del edificio y accesibilidad.
2. Historia del edificio: fecha de su construcción, personas que la ordenan, artistas que la ejecutan...
3. Descripción del edificio: estilo arquitectónico; características que lo hacen especial; riqueza artística, como pinturas, esculturas, retablos, jardines...
4. Uso actual del monumento, posibilidades de visita (horarios, precios), actividades organizadas...

¡Manos a la obra!

1. Formad grupos y nombrad una coordinadora o un coordinador que distribuya las tareas. Si surgen problemas o dudas con la búsqueda de información o con la elección del monumento, solicitad consejo a vuestro profesor o a vuestra profesora.
2. Escoged un monumento del patrimonio cultural andaluz de vuestra localidad o del resto de Andalucía y buscad información sobre él para realizar un estudio como el que se muestra a continuación. Presentadlo en clase.

Ejemplo

ARCHIVO GENERAL DE INDIAS

Se construyó entre 1584 y 1598, en la época del rey Felipe II, siguiendo el diseño de Juan de Herrera. El edificio original fue la Casa Lonja de Mercaderes de Sevilla, donde se realizaban tratos de compraventa.

Se construyó en piedra y ladrillo, en dos alturas, y contiene un gran patio central.

Su nueva función, como Archivo General de Indias, comenzó en 1785 por deseo del rey Carlos III.

Este monumento se encuentra en la ciudad de Sevilla y forma parte, junto con la catedral y el Real Alcázar, del Patrimonio de la Humanidad.

Visitas

Todo el año, de lunes a viernes: 8:00 a 15:00 h (del 15 de junio al 15 de septiembre, hasta las 14:30 h).

Exposiciones: de lunes a sábado, de 9:30 a 17:00 h, y los domingos, de 10:00 a 14:00 h.

Actualidad

Desde su creación en 1785, ha ido acumulando documentos relacionados con la actividad de España en América y en Filipinas.

Contiene más de 40 000 legajos con unos 80 millones de páginas y alrededor de 8 000 mapas. Hay documentos escritos por Cristóbal Colón, Pizarro, Núñez de Balboa...

Su documentación es de incalculable valor y lo convierte en el mejor lugar para estudiar la relación de España con el Nuevo Mundo.

Cine con valores

HormigaZ

Esta película fue dirigida por Eric Darnell y Tim Johnson. La hormiga protagonista tiene muchas dudas sobre su vida. A lo largo del filme, las irá despejando y sintiéndose bien consigo misma.

1 Por equipos, dad respuesta a estas preguntas sobre la película:

- ¿Dónde se desarrolla esta película?
- ¿Qué hacen con las larvas recién nacidas? ¿Crees que es justo? ¿Por qué?
- ¿Qué construyen los obreros de la Colonia?
- Z está descontento con su situación y acude a un psicólogo. ¿Por qué?
- ¿Qué es Insectopía? ¿Por qué le habrán puesto ese nombre?
- ¿Qué le pasa a Z cuando conoce a la princesa Bala?
- ¿Qué ocurre cuando Z quiere volver a ver a Bala?
- ¿Qué ocurre cuando Z vuelve de la guerra contra las termitas?
- Al volver de Insectopía, Bala planta cara al general Mandible. ¿Por qué? ¿Qué ocurre?
- Cuando Z regresa a la Colonia, ¿qué intenciones tiene?
- ¿Qué actitud toma el coronel Reiner ante el general Mandible? ¿Por qué este quiere matar a todo el hormiguero?
- ¿Cómo se salvan de ahogarse todos los obreros?

2 Inventa otras preguntas sobre la película para realizárselas a tus compañeras y compañeros.

3 Haced un mural sobre la escena de la película que os parezca más significativa.

4 Reflexiona sobre ti:

- ¿Te ha gustado la película? ¿Qué secuencia te ha hecho disfrutar más? ¿Cuál es tu personaje favorito? ¿Por qué?
- ¿Te has identificado con algún personaje?

- ¿Has intervenido en algún momento en una situación en la que se viera claramente la necesidad de prestarse ayuda mutua?
- ¿Te parece que la vida en comunidad es positiva?
- ¿Cómo te has sentido al ver la película?
- Muchas veces nos debatimos entre el interés individual y el interés común. ¿Qué opinas de esa dificultad?
- ¿Crees que ha sido una buena elección basar esta película en la vida de las hormigas? Razona tu respuesta.

5 Compara la historia que se cuenta en esta película con otras que conozcas, tanto del cine como de la literatura.

6 Piensa en los siguientes personajes de la película y describe cómo son sus cualidades. Puedes utilizar adjetivos o frases explicativas.

Personaje	Característica
Z	
Princesa Bala	
General Mandible	
Soldado Weaver	
Reina	
Coronel Reiner	

Completa EN TU CUADERNO o en la versión imprimible

7 Separa estas palabras y descubre algunos de los valores que nos transmite esta película:

Valorlealtadsolidaridadautoconfianzaamistadsuperación

8 Pon un ejemplo que explique cada una de estas conclusiones que podemos extraer de la película:

- Denunciar las dictaduras de cualquier lugar e ideología.
- Luchar contra las injusticias sociales mediante la amistad y la solidaridad.
- Apreciar como positiva la autoconfianza.
- Valorar el trabajo en equipo.

9 ¿Qué relación crees que tiene esta película con los contenidos trabajados en la unidad 5?

Qué he aprendido

U·5 y U·6

Averigua la palabra misteriosa

Completa EN TU CUADERNO o en la versión imprimible

Copia en tu cuaderno la letra que hay al final de la opción que consideres correcta. Con la letra clave de cada afirmación, formarás una palabra relacionada con lo trabajado en este trimestre:

1 a) En los países en los que hay una constitución gobiernan tiranías. .... **B**

b) En los países en los que hay una constitución no gobiernan tiranías. .... **A**

2 a) Los símbolos de España son su escudo, su bandera y su himno. .... **N**

b) Los símbolos de España son su bandera y el fútbol. .... **U**

3 a) España se organiza territorialmente en regiones autónomas. .... **M**

b) España se organiza territorialmente en comunidades autónomas. .... **D**

4 a) El estatuto de autonomía de Andalucía se aprobó en el año 1981 y se modificó en el año 2007. .... **A**

b) El estatuto de autonomía de Andalucía se aprobó en el año 1990 y se modificó en el año 2000. .... **P**

5 a) El escudo de Andalucía incluye la leyenda: «Andalucía por sí, para España y la Humanidad». .... **L**

b) El escudo de Andalucía incluye la leyenda: «Andalucía por sí, para las andaluzas y los andaluces». .... **O**

6 a) El pueblo gitano ha aportado importantes contribuciones al patrimonio cultural andaluz y al español. .... **U**

b) El pueblo gitano ha aportado insignificantes contribuciones al patrimonio cultural andaluz y al español. .... **I**

7 a) La Junta de Andalucía, las diputaciones y los ayuntamientos gestionan muchos servicios públicos en Andalucía. .... **C**

b) La administración central del Estado gestiona todos los servicios públicos en Andalucía. .... **I**

8 a) Los servicios públicos esenciales son la seguridad, la gestión económica, la educación y la sanidad. .... **I**

b) Los servicios públicos esenciales son las administraciones de loterías, los estancos y los transportes. .... **J**

9 a) Los tratados entre países son competencia de la Junta de Andalucía. .... **N**

b) Los tratados entre países son competencia del Estado español. .... **A**

anayaeducacion.es
Dispones de una versión imprimible de esta página en la «Autoevaluación» del banco de recursos.

Ejemplo de valores

Servicios públicos esenciales

En el futuro negro de Los juegos del hambre *apenas hay medicamentos y la madre de la protagonista tiene que curar a personas en su casa y con lo poco que tiene.*

En pocos segundos limpia la larga mesa de la cocina, coloca un trapo blanco esterilizado encima y ponen a Gale sobre él. Mi madre echa agua hirviendo en un barreño y le ordena a Prim que saque algunos remedios de su armario de las medicinas: hierbas secas, tinturas y botellas compradas en la tienda. Le miro las manos, los largos dedos que desmenuzan esto, añaden gotas de aquello y lo echan todo en el barreño. Empapa un trapo en el líquido caliente y le da instrucciones a Prim para que prepare una segunda tanda. [...]

A pesar de su habilidad, tarda un buen rato en limpiarle las heridas. [...] Prim y mi madre repasan su escaso suministro de analgésicos, los que normalmente solo tienen los médicos. Son difíciles de encontrar, caros y siempre hacen falta. Mi madre guarda los más fuertes para los peores dolores, pero ¿cuál es el peor dolor? Para mí es el que siento en este momento; si yo fuese la encargada, los analgésicos desaparecerían en un día, porque me cuesta soportar el sufrimiento de los demás. [...]

—Eso no bastará —les digo, y ellas me miran—. No bastará, sé lo que se siente. Eso casi no sirve ni para un dolor de cabeza.

—Lo combinaremos con jarabe para dormir, Katniss, y él lo soportará. En realidad, las hierbas son para la inflamación... —empieza a explicarme mi madre, con mucha calma.

Suzanne Collins, *En llamas*, RBA.

Actividades

1 ¿Puedes imaginar un lugar en el que faltaran servicios públicos como los hospitales o la sanidad en general? Escribid entre toda la clase una breve historia con ese argumento.

2 ¿Crees que podemos conseguir una atención mejor por parte de los servicios públicos? Explica qué debemos y qué podemos hacer cuando sufrimos una herida o padecemos una enfermedad.

Cómo he aprendido

Descubro cómo aprendo

1 Copia esta tabla en tu cuaderno y señala en ella cuánto has aprendido de cada unidad.

¡Lo que sé!	Nada	Poco	Mucho
Entiendo qué es la Constitución española.			
Comprendo los valores de la Constitución española.			
Conozco los símbolos de España.			
Conozco el estatuto de autonomía de Andalucía.			
Aprecio las diferencias entre las comunidades autónomas.			
Valoro las minorías étnicas y culturales de Andalucía.			
Aprecio la riqueza cultural de Andalucía.			
Entiendo las ventajas de vivir en grupo.			
Reconozco la importancia de los servicios públicos.			
Sé cuáles son los servicios públicos esenciales.			
Valoro los Servicios de Atención al Menor.			
He aprendido quiénes tienen el encargo de proteger a la población.			
Conozco los mecanismos que tenemos en Andalucía para fomentar el derecho a la igualdad.			
Entiendo el deber legal y moral de pagar los impuestos.			
Me comprometo a utilizar los recursos de forma correcta.			
Conozco en qué se invierte el dinero recaudado mediante los impuestos.			

Completa EN TU CUADERNO o en la versión imprimible

2 Fabrica etiquetas de distintos colores. Anota en cada una de ellas la respuesta a las siguientes cuestiones y, por último, cuélgalas todas de una misma cuerda a modo de «llavero».

	Unidad 5	Unidad 6
Vocabulario nuevo:		
Mi esquema:		
Páginas web en las que puedo ampliar mis conocimientos:		
Libros relacionados con la unidad:		
Noticias relativas a la unidad:		
Las personas que me pueden informar sobre esta unidad son:		
Mis dudas:		
Para mí, ha sido muy interesante:		
Para mí, es un poco difícil de entender:		
Antes no sabía que...:		

PORTFOLIO 3

Recuerda seleccionar el material de trabajo de esta unidad para tu portfolio.

anayaeducacion.es Dispones de una versión imprimible de esta página en el «Portfolio» del banco de recursos.

anayaeducacion.es Descubre y comparte en familia.

Es un proyecto educativo de Anaya para Educación Primaria.

En la realización de este libro han intervenido:

- **Equipo de edición:** Manuel Andaluz y Miguel Ángel Muñoz Sanjuán.
- **Asesoramiento para la inclusión y la no discriminación:** Víctor Ángel Díez Mazo (coordinador) y Manuel López Callejo.
- **Diseño:** Patricia G. Serrano y Juan Carlos Quignon.
- **Cartografía:** José M.ª Gil y Rosario Regaño.
- **Ilustración:** Laura Sua y José Manuel Córdoba.
- **Maquetación:** Aurora Martín.
- **Corrección:** Sergio Borbolla.
- **Tratamiento de imágenes:** Rafael Sombría.
- **Edición gráfica:** Nuria González.
- **Fotografías:** Agencia EFE (Barriopedro; Cardenas, J. C.; Cornelius P.; Germana, M.; JR; Prommer, N.), AGE Fotostock (Alistair Berg / Palladium; Erik Isakson / Tetra Images; gpointstudio / Westend61; Javier Larrea), Album (Dreamworks; Walt Disney Pictures), Archivo Anaya (Canto, M.; Cosano, P.; Leiva, Á.; Lezama, D.; Martín, J. A.; Muñoz, J. C.; Padura, S.; Peñuela Py, E.), Aurimages (Prod DB / AllPix; SunsetBox / AllPix), Cordon Press (Burger / Phanie; Entertainment Pictures; Photoshot; United Archives / IFA Film; Walt Disney Co. / courtesy Everett / Everett Collection), Leemage / Prisma, Getty Images (Brusinski / E+; Hill Street Studios LLC / DigitalVision; The Asahi Shimbun), iStockphotos / Getty images (cihanterlan; Daisy-Daisy; EvgeniiAnd; goldenKB; intst; LightFieldStudios; maximkabb; Okea; monkeybusinessimages; SeanPavonePhoto; tulpahn), 123RF (alessandro0770; Andrii Klemenchenko; deskcube; Enrique Ramos López; joserpizarro; limbi007; stylephotographs; Wavebreak Media Ltd).

Nuestras publicaciones mantienen el rigor en el uso y en la selección de los contenidos, en las imágenes y en el lenguaje, para cumplir con la **no discriminación** por razón de género, cultura u opinión.

Las **normas ortográficas** seguidas en este libro son las establecidas por la Real Academia Española en la *Ortografía de la lengua española*, publicada en el año 2010.

ISBN: 978-84-698-5654-3 - Depósito Legal: M-491-2019 - Printed in Spain.

ET035183/1E1I - 8400193